Anthony de Mello · Anand Nayak

SADHANA

Ein Weg zur Achtsamkeit

Anthony de Mello
Anand Nayak

SADHANA

EIN WEG ZUR ACHTSAMKEIT

Meditationen für jeden Tag

Herausgegeben von
Marie-Theres Piller Mahler

HERDER

FREIBURG · BASEL · WIEN

MIX
Papier aus verantwortungsvollen Quellen
FSC® C106847
FSC
www.fsc.org

www.herder.de

Umschlaggestaltung: Finken & Bumiller, Stuttgart
Umschlagmotiv: © DavidQ / photocase.com
Vignette im Innenteil: Designbüro Gestaltungssaal
Sabine Hanel, Alexandra Gober

Satz: Barbara Herrmann, Freiburg
Herstellung: fgb · freiburger graphische betriebe
www.fgb.de

Printed in Germany

ISBN 978-3-451-32582-3

Inhalt

Als der Meister alt und krank wurde, baten ihn die Schüler, nicht zu sterben. Sagte der Meister: »Wenn ich nicht ginge, wie würdet ihr je sehen lernen?«
»Was sehen wir denn nicht, wenn ihr bei uns seid?«, fragten sie.
Aber der Meister wollte es nicht sagen. Als der Augenblick seines Todes nahe war, sagten sie:
»Was werden wir sehen, wenn ihr gegangen seid?«
Mit einem Lächeln in den Augen sagte der Meister:
»Ich tat nichts weiter als am Ufer des Flusses sitzen und Wasser austeilen. Wenn ich gegangen bin, hoffe ich, dass ihr den Fluss sehen werdet.«

ANTHONY DE MELLO

Vorwort

ANAND NAYAK hat zu Lebzeiten unzählige Kurse in *Sadhana* erteilt, dies in der Schweiz und in anderen europäischen Ländern. Mit seinen Kursen wollte er die Teilnehmer zu mehr Achtsamkeit führen: Achtsamkeit für den gegenwärtigen Augenblick, Achtsamkeit gegenüber der Natur und vor allem Achtsamkeit sich selber und den Mitmenschen gegenüber. Diese Achtsamkeit sollte uns dann auch zu einer neuen inneren Unabhängigkeit führen.

Sadhana hat er selber in seinen Kursausschreibungen (2009) wie folgt beschrieben:

> Sadhana ist ein Wort aus dem Sanskrit und bedeutet »geistliche Übung«. »Denn wie Lustwandeln, Ausschreiten und Laufen körperliche Übungen sind, so nennt man geistliche Übungen jede Weise, die Seele vorzubereiten und in Bereitstellung zu setzen, dazu hin, alle ungeordneten Hinneigungen von sich zu tun, und nachdem sie abgelegt sind, den göttlichen Willen zu suchen und zu finden in der Einrichtung des eigenen Lebens zum Heile der Seele.« So der berühmte Lehrer Ignatius vom Loyola (1491–1556). Einer seiner modernen Schüler, P. Anthony de Mello SJ (1931–1987), übernahm die geistlichen Übungen unter dem Begriff der Sadhana und übertrug sie auf das heutige Leben. Sein Buch »Sadhana – Meditieren

mit Leib und Seele« war und ist immer noch sehr erfolgreich.

Bei dieser Art von Meditation geht de Mello auf spirituelle und körperliche Techniken zurück, die aus dem Hinduismus, Buddhismus, Taoismus und anderen Religionen bekannt sind, um den Geist zum Leben mit all seinen Wohltaten zu erwecken und ihn alle Grenzen und Hindernisse, die oft der Schlüssel zum Leiden sind, überwinden zu lassen.

ANAND NAYAK, Kursausschreibung 2009

Ein Sadhana-Tag mit Anand Nayak bedeutete: zur Ruhe kommen, seinen eigenen Atem spüren, einiges bewusst werden im Körper und im Geist, wieder in Fluss kommen, ohne etwas erzwingen zu wollen. Es bedeutete auch, das Herz mit Liebe und Freude zu füllen. Zudem war immer für das leibliche Wohl gesorgt. Anand Nayak liebte das Leben und die Menschen und verstand es in jeder Beziehung zu genießen. Und an dieser Freude und am Genuss ließ er alle teilnehmen.

Ich persönlich habe Anand erst im Januar seines Todesjahres kennengelernt. Er wurde mir aber in den darauf folgenden Monaten zu einem lieben und wertvollen Freund. Einige Male konnte ich bei ihm sein indisches Essen genießen, seinen lebhaften Erzählungen lauschen, über die Gartenarbeit fachsimpeln und nicht zuletzt war er mir ein wunderbarer Lehrer, der mir die Sadhana näherbrachte.

In seiner Arbeit nahm er immer Bezug auf seinen ehemaligen Lehrer Anthony de Mello. Der Jesuitenpater hatte ihn geprägt und seine Übungen hat er weitergegeben und weiterentwickelt. Oft hat er auch aus de Mellos Büchern vorgelesen. Diese Geschichten waren Denkanstoß und Diskussionspunkte während der Meditationen.

Am 4. September 2009, am Geburtstag Anthony de Mellos, starb Anand Nayak bei einem Verkehrsunfall in Indien. Sein plötzlicher Tod war allen, die ihn kannten, eine weitere Übung: Wir lernten einmal mehr, loszulassen, sich der Gegenwart zu stellen und die Unabhängigkeit zu üben.

Seine Sadhana-Kurse kann er nicht mehr geben. Was er uns aber hinterlassen hat, ist ein Zehnmonate-Programm, eine Anleitung für die persönliche tägliche Sadhana-Meditation. Anand pflegte täglich um sechs Uhr morgens zu meditieren und empfahl dies auch bei den vorliegenden Übungen. Er hatte mit dem Gedanken gespielt, sie zu veröffentlichen, dazu fehlte ihm aber wohl die Zeit.

Ganz im Sinne von Anand Nayak sind die Übungen mit Geschichten de Mellos ergänzt und ergeben so ein wunderbares Ganzes, das uns, bei täglicher Übung, zu einer neuen Achtsamkeit führen kann. Über diese Übungen pflegte er augenzwinkernd zu sagen: »Wenn du sie alle schaffst, wirst du Zehn-MeisterIn sein.«

Was beiden, Anthony de Mello und Anand Nayak, eigen war, war ihr Humor und auch die Fähigkeit, über sich selber zu lachen. Dies erkennen wir in de Mellos Geschichten und dies haben alle, die Anand gekannt haben, bei ihm selber erfahren. Es war ihnen auch wichtig, dass die Meditationen als Geschenk genommen werden, dann wenn der Augenblick und das Bedürfnis bei jedem Einzelnen da ist. In diesem Sinne ist auch dieses Buch gemeint: ein Geschenk zweier Persönlichkeiten an alle, die es gerne annehmen.

Marie-Theres Piller Mahler

»Wie soll ich Befreiung erlangen?«
»Finde heraus, wer dich festgehalten hat«, sagte der Meister.
Nach einer Woche kehrte der Schüler zurück und sagte: »Niemand hat mich festgehalten.«
»Warum möchtest du dann befreit werden?«
Für den Schüler war das ein Augenblick der Erleuchtung. Plötzlich wurde er frei.

ANTHONY DE MELLO

Anleitung zur Sadhana

WÄHLE FÜR DEINE tägliche Meditation einen ruhigen und isolierten Winkel in deiner Wohnung aus. Wechsle den Meditationsort wenn möglich nicht.

Widme einen festen Zeitpunkt des Tages deiner Meditation, wenn möglich dann, wenn du am wenigsten gestört wirst. Ändere den Meditationszeitpunkt nicht leichtfertig.

Da die Meditation wach macht, ist ein Meditieren am Abend nicht zu empfehlen. Ein guter Zeitpunkt dagegen ist der frühe Morgen.

Die tägliche Meditation sollte mindestens fünfzehn Minuten dauern. Sie ist in drei Teile gegliedert:

(A) Die ersten drei Minuten werden dem bewussten Atmen gewidmet. Hierzu kannst du eine dir bekannte Yoga-Übung einsetzen.

Eine einfache Atemübung ist folgendermaßen: Ausgangstellung auf den Knien, Anheben der Arme und Streckung mit gleichzeitigem Einatmen, Senken der Arme und Einrollen zur Kauerstellung mit Ausatmung. Die Atmung sollte sehr bewusst ausgeführt werden.

(B) Nach dem bewussten Atmen kannst du während zehn Minuten eine der Meditationen aus dem jeweiligen Monatsprogramm durchführen. Es wird geraten, dieselbe Übung während drei bis vier aufeinander folgenden Tagen zu praktizieren, soweit, bis du das Gefühl hast, die Übung »ausgeschöpft« zu haben.

(C) Die letzten Minuten deiner Meditation gelten der Ausstrahlung von Liebe *(Metta-bhavana)*. Diese wird sitzend ausgeführt.

Denke dabei an eine bestimmte Person, mehrere Personen oder an etwas aus der Natur, eine Pflanze oder ein Tier. Schicke ihnen deine guten Gefühle. Wünsche ihnen Glück und Freude. Spüre, wie dieses Glück aus deinem Herzen kommt.

1. MONAT

WAHRNEHMEN

Sagte der Mönch:
»Woher kommen diese Berge und Flüsse
und die Erde und die Sterne?«
Sagte der Meister:
»Woher kommt deine Frage?«
Blicke in dich!

ANTHONY DE MELLO

1

Die fünf Sinne wahrnehmen
auf dem Rücken liegend

NIMM MIT voller Achtsamkeit die Töne und Geräusche von Fern und Nah wahr. Versuch nicht, sie zu verstehen oder zu analysieren, sondern sie als Töne zu spüren.

Spüre die Berührung, den Kontakt mit dem Boden, mit deinen Kleidern. Nimm die Körperteile wahr, die sich berühren (Hände, Lippen ...).

Rieche bewusst und schmecke die Luft, die Umgebung ...

Spüre das feine Licht auf deinem Gesicht und auf den anderen Körperteilen.

Als der Bruder eines Nachts betete, fühlte er sich durch das Quaken eines Ochsenfrosches gestört. Er versuchte, es nicht zu beachten, doch umsonst. Wütend schrie er aus dem Fenster: »Ruhe! Ich bete gerade.«
Bruder Bruno war ein Heiliger, und so wurde sein Befehl sofort befolgt. Alle Kreatur verstummte, damit eine dem Gebet dienliche Stille einkehren konnte. Aber nun drängte sich ein anderer Laut in Brunos Gebete – eine innere Stimme, die ihm sagte: »Viel-

leicht gefällt Gott das Quaken dieses Frosches genauso wie der Gesang deiner Psalmen.« – »Was kann Gott am Quaken eines Frosches gefallen?«, erwiderte Bruno spöttisch. Doch die Stimme gab nicht nach: »Warum glaubst du, hat Gott diesen Laut geschaffen?«

Bruno beschloss, eben dies herauszufinden. Er beugte sich aus dem Fenster und befahl: »Sing!« Das bedächtige Gequake des Frosches erfüllte wieder die Luft und wurde von allen Fröschen der Nachbarschaft vielstimmig aufgenommen. Und als Bruder Bruno die Laute auf sich wirken ließ, klangen die Stimmen, da er sich nicht länger gegen sie sträubte, durchaus nicht mehr schrill, sondern verschönerten tatsächlich die nächtliche Stille.

Diese Entdeckung brachte Bruder Brunos Herz in Einklang mit dem Universum, und er verstand zum ersten Mal in seinem Leben, was beten heißt.

ANTHONY DE MELLO

2

Die Gedanken beobachten

sitzend, in aufrechter Haltung

BEOBACHTE BEWUSST alle deine Gedanken hier und jetzt … renne nicht hinterher … werde nicht deine Gedanken … beobachte nur, wie sie auftauchen, sich offenbaren und … wieder verschwinden.

»Wie kann ich ein großer Mensch werden – wie ihr?«
»Warum ein großer Mensch sein?«, sagte der Meister.
»Mensch sein ist schon Leistung genug.«

ANTHONY DE MELLO

3

Wahrnehmung der Körperempfindungen

auf dem Rücken liegend

MIT VOLLER ACHTSAMKEIT beobachte jede Körperempfindung, die in deinem Körper auftaucht …

Beginne mit den Füßen und gehe langsam weiter bis zum Kopf.

Verweile nicht zu lang bei einer Empfindung. Beobachte alle, die angenehmen sowie die unangenehmen, die äußeren und die inneren, die künstlichen und die natürlichen Empfindungen …

Atme etwas tiefer und bewusster, wenn du die Empfindung nicht klar wahrnehmen kannst. Es ist jedoch nicht notwendig, in jedem Körperteil etwas zu empfinden. Die Achtsamkeit ist wichtiger.

Wenn wir einatmen, sagt Gott »Ja« zu uns, akzeptiert er uns, wie wir sind, mit unserer Vergangenheit und unserer Zukunft. Wenn wir ausatmen, geben wir uns Gott hin, geben wir uns in seine Hände und ergeben uns seinem Willen, und so wird alles Harmonie und Friede.

ANTHONY DE MELLO

4

Bewusst atmen
sitzend

DU KANNST die Atmung hinauszögern, verlängern und bewusst spüren ...

Du spürst, wie der Atem in dir aufsteigt, wie er von dir ausgeht ...

Frische Atmung ... warme Atmung ...

Du kannst hier auch eine yogische Atmung üben, wenn du eine vom Yoga her kennst. Nicht die Technik, sondern das Sich-bewusst-Werden der Atmung ist notwendig.

Einem Schüler, den der Gedanke vom Leben nach dem Tode nicht losließ, sagte der Meister: »Warum auch nur einen Augenblick mit dem Gedanken an das Danach verschwenden?«

»Aber ist es denn möglich, das nicht zu tun?«

»Ja.«

»Wie?«

»Indem man hier und jetzt im Himmel lebt.«

»Und wo ist dieser Himmel?«

»Im Hier und Jetzt.«

ANTHONY DE MELLO

5

Die frohen Ereignisse des Lebens

sitzend oder liegend

KEHRE ZURÜCK in die Vergangenheit und lass in dir Erinnerungen auftauchen von herrlichen Erfahrungen, bei denen du viel Freude, Liebe und Glück erfahren hast.

Beobachte die Menschen, die dir durch Worte und Gesten Liebe gezeigt haben.

Spüre die Freude und Liebe erneut, aber ohne dich von deinem Beobachtungszustand zu entfernen.

Nimm alle Gefühle wahr, die in dir auftauchen.

»Was brachte euch die Erleuchtung?«

»Freude.«

»Und was ist Freude?«

»Die Erkenntnis, dass alles zu verlieren nichts weiter bedeutet, als ein Spielzeug verloren zu haben.«

ANTHONY DE MELLO

6

Bewegungen wahrnehmen
tanzend

VERBINDE DEINE Augen und tanze zu irgendeiner Musik, bei welcher du deine Bewegungen mit Achtsamkeit wahrnimmst.

Beobachte alles, was in dir hochkommt, Freude oder Traurigkeit …

Aber lass dich nicht ablenken … beobachte immer die Musik und deine Bewegungen.

Einem Besucher, der darum bat, Schüler bei ihm zu werden, sagte der Meister: »Du kannst mit mir zusammen leben, aber werde nicht zu meinem Gefolgsmann.«
»Wem soll ich dann folgen?«
»Niemandem. Sobald du jemandem nachfolgst, hörst du auf, der Wahrheit zu folgen.«
ANTHONY DE MELLO

7

Spüren mit den Händen

bewegend

BEWEGE DEINE Hände und falte sie bewusst … spüre den Kontakt. Dann spüre den Boden, Teppich und andere Gegenstände. Steh auf und spüre alle Dinge, die in deiner Nähe sind. Versuche nicht, sie zu verstehen und zu analysieren, sondern spüre sie und nimm sie wahr.

Der Zen-Meister Ryokan lebte sehr bescheiden in einer kleinen Hütte am Fuß der Berge. Eines Nachts, als der Meister fort war, brach ein Dieb in die Hütte ein, nur um festzustellen, dass nichts zu stehlen war. Ryokan kam zurück und erwischte ihn. »Du hast dir viel Mühe gemacht, mich zu besuchen«, sagte er zu dem Einbrecher. »Du sollst nicht mit leeren Händen davongehen. Bitte nimm meine Kleider und die Decke als Geschenk.« Der Dieb nahm höchst verwirrt die Kleider und trollte sich. Ryokan setzte sich hin, nackt wie er war, und beobachtete den Mond. »Armer Kerl«, dachte er bei sich, »ich wünschte, ich könnte ihm den wunderbaren Mondschein geben.«

ANTHONY DE MELLO

2. MONAT

Liebe und Ressentiments

Ein verzweifelter Patient sagte
zu seinem Psychiater: »Wohin ich auch gehe,
immer muss ich mich mitnehmen,
und das verdirbt mir jeden Spaß.«
Wovor du wegläufst und wonach du dich sehnst,
beides ist in dir.

ANTHONY DE MELLO

1

Reise in die Vergangenheit

in sitzender Haltung

NACHDEM DU bewusst einige Atemzüge gemacht hast, lass in dir die ersten Erinnerungen in deinem Leben auftauchen. Beobachte einen Tag deines Lebens, als du fünf Jahre alt warst: deine Eltern, dein Haus, dein Zimmer, deine Brüder und Schwestern, deine Spielsachen, deine Schule ... Beobachte die Momente, die du gern hattest, die Dinge und die Leute, die du gehasst hast. Nimm die Gefühle in dir wahr, ohne dich zu beurteilen oder dich schuldig zu fühlen ... Fahre danach weiter mit einem Tag, als du ungefähr zehn Jahre alt warst, fünfzehn Jahre alt, zwanzig Jahre alt bis fünf Jahre zurück.

Beobachte in jedem Moment die mit diesen Ereignissen verbundenen Gefühle, die du in deiner Erinnerung gespeichert hast.

Komm danach zu dir zurück und nimm wieder die bewusste Atmung auf.

> Eine Lehrerin behandelte in einer Schulstunde moderne Erfindungen. »Kann einer von euch eine wichtige Sache nennen, die es vor fünfzig Jahren noch nicht gab?«, fragte sie.
> Ein heller Kopf in der ersten Reihe hob eifrig die Hand und sagte: »Mich!«
>
> ANTHONY DE MELLO

2

Beobachte deine Umgebung

sitzend oder liegend

BEOBACHTE DIE unmittelbare Umgebung. Nimm jede Kleinigkeit wahr, von der du umgeben bist. Stell fest, ob du sie magst oder nicht. Achte darauf, ob diese Dinge, Bewegungen oder Ereignisse in dir Gefühle des Wohlbefindens, des Vergnügens oder Gefühle der Gleichgültigkeit oder sogar abstoßende Gefühle wachrufen.

Versuche nicht, dich an angenehme Gefühle zu klammern.

Versuche nicht, das Unangenehme zu verdrängen.

Ein andermal erklärte er: »Wenn du imstande bist, dem Leben ins Gesicht zu lachen, erhältst du Macht über die Welt – genau wie derjenige, der darauf vorbereitet ist zu sterben.«

ANTHONY DE MELLO

3

Bewusstwerdung der körperlichen Empfindungen

auf dem Rücken liegend

BEOBACHTE MIT Aufmerksamkeit alle Körperteile. Fühle die angenehmen Empfindungen in dir sowie die unangenehmen.

Wo manifestiert dein Körper Ruhe, die Entspannung, und wo sind die Unruhen, die Nervosität und die Spannungen?

Versuche nicht zu ändern, was auch immer es sein mag. Beobachte aber, dass dies alles in dir geschieht und dass du in dir Gefühle der Zuneigung oder der Ablehnung im Hinblick auf diese Empfindungen entwickelst.

Beende die Meditationen mit einigen bewussten Atemzügen.

Woran neu hinzugekommene Schüler sich nur schlecht gewöhnen konnten, war die Menschlichkeit, das völlige Normalsein des Meisters.
Er schätzte die angenehmen Dinge des Lebens und die Sinnesfreuden zu sehr, um in ihre Kategorien eines heiligen Mannes zu passen.

Als einer der neu Hinzugekommenen mit einem Schüler darauf zu reden kam, erwiderte dieser: »Wenn Gott einen Meister macht, nimmt er den Menschen nicht zurück.«

ANTHONY DE MELLO

4

Liste der Leute, die du magst

sitzend oder liegend

LASS DEINEN inneren Blick auf die Personen deiner Familie und deiner Umgebung wandern und entwerfe in deinem Kopf eine Liste von Personen, die du magst.

Verharre einige Momente auf jeder einzelnen dieser Personen und beobachte, welche Gefühle diese Person in dir wachruft, Gefühle, die du als Liebe, Glück Freundschaft oder Wohlbefinden bezeichnest.

Versuche wahrzunehmen, wie und warum diese Gefühle in dir entstehen.

Danke jeder dieser Person für ihre Gabe der Liebe.

Die Zeit der Monsunregen stand bevor, und ein sehr alter Mann grub in seinem Garten tiefe Löcher.
»Was tut ihr?«, fragte ein Nachbar.
»Ich pflanze Mango-Bäume«, lautete die Antwort.
»Wollt ihr etwa noch Früchte von diesen Bäumen essen?«
»Nein, so lange werde ich nicht mehr leben. Aber andere werden da sein. Mir fiel neulich ein, dass ich mein Leben lang Mangos gegessen habe, die von anderen Leuten gepflanzt wurden. Auf diese Weise möchte ich ihnen meine Dankbarkeit zeigen.«

ANTHONY DE MELLO

5

Liste der Personen, die du hasst

sitzend oder liegend

ES IST MÖGLICH, dass dir keine Person in den Sinn kommt, die du wirklich hasst. Aber es gibt bestimmt einige Leute in deiner Umgebung, denen gegenüber du Gleichgültigkeit, eine Apathie empfindest, Leute, für die du dich überhaupt nicht interessierst. Erstelle von diesen Leuten eine Liste.

Nimm jede Person der Liste wahr und spüre dabei die Gefühle, die sie in dir auslösen: Gefühle der Spannung, des Genervtseins, der Angst …

Du hast manchmal den Eindruck, dass die Anwesenheit von gewissen Personen dir die Energie aussaugt. Du fühlst dich unwohl.

Beobachte bewusst all die Gefühle, die aufsteigen. Indem sie aufsteigen, werden sie verschwinden, falls dein Blick sie bewusst trifft.

Atme danach bewusst durch und nimm wieder deine gewöhnliche Haltung ein.

Löwenzahn

Ein Mann, der sehr stolz auf seinen Rasen war, stand plötzlich vor einer mit Löwenzahn übersäten Wiese. Er versuchte alles nur Denkbare, um den Löwenzahn loszuwerden, aber der kam immer wieder.
Schließlich schrieb er an das Landwirtschaftsministerium. Er zählte auf, was er alles versucht hatte, und schloss mit der Frage: »Was soll ich jetzt tun?«
Zu gegebener Zeit kam die Antwort: »Wie wär's, wenn Sie versuchten, ihn schön zu finden und den Löwenzahn zu lieben?«
Auch ich hatte einen Rasen, auf den ich stolz war, und auch ich wurde von Löwenzahn heimgesucht, den ich mit allen mir zur Verfügung stehenden Mitteln beseitigen wollte. Es war also nicht leicht, ihn schön zu finden.
Ich begann, jeden Tag mit dem Löwenzahn zu reden, herzlich, freundlich. Er antwortete nur mit verdrossenem Schweigen. Die Pflanzen litten noch unter dem Krieg, den ich gegen sie geführt hatte. Wahrscheinlich kamen ihnen meine Beweggründe auch etwas verdächtig vor.
Aber nicht lange, dann lächelten sie zurück und entspannten sich. Und antworteten sogar auf das, was ich ihnen sagte. Bald waren wir gute Freunde.
Mein Rasen war natürlich verdorben. Aber wie schön wurde mein Garten!
Ein Mensch wurde nach und nach blind. Und er kämpfte dagegen mit allen in seiner Macht stehenden Mitteln. Und als die Medizin nichts mehr ausrichten

konnte, wehrte er sich mit Emotionen. Ich brauchte Mut, ihm zu sagen: »Ich schlage dir vor, du lernst deine Blindheit lieben.«

Es war ein Kampf. Zunächst weigerte er sich, sich auf irgendetwas einzulassen, auch nur ein einziges Wort dazu zu sagen. Und als er sich schließlich überwand, mit seiner Blindheit zu sprechen, waren seine Worte böse und bitter. Aber er sprach weiter, und langsam änderten sich seine Worte und drückten nun Resignation, Toleranz und Einwilligung aus. Und eines Tages wurden sie zu seinem großen Erstaunen freundlich und liebevoll. Dann kam der Tag, als er seine Blindheit umarmen und sagen konnte: »Ich liebe dich.« An diesem Tag sah ich ihn wieder lächeln, und wie anziehend war dieses Lächeln! Seine Sehkraft war natürlich für immer verloren. Aber wie schön wurde sein Gesicht, viel schöner als zuvor, ehe Blindheit sein Leben teilte.

ANTHONY DE MELLO

6

Spaziergang im inneren Garten

sitzend

LASS EINE Musik spielen, die zu dir spricht. Spüre deinen Körper, deinen Geist, dein Inneres. Nimm deine Umgebung wahr. All dies ist dein Garten.

Spaziere danach in deiner Fantasie in deinem Garten und beobachte jedes Detail ohne es zu beurteilen oder zu werten, aber versuche dir bewusst zu werden, welche Freude oder welche Traurigkeit es in dir auslöst.

Beobachte die angenehmen Pflanzen, die in diesem Garten und Umgebung sprießen, aber auch den Löwenzahn, die Disteln und sogar die giftigen Pflanzen. Reiß sie nicht aus, sondern betrachte sie gut und werde dir bewusst, dass sie in deinem Garten wachsen.

Der Gouverneur kündigte seinen Besuch an, um im Klostergarten eine Rosenhecke zu besichtigen, die über und über in den exotischsten Farben erblühte. Als er vor der Hecke stand, fand er nur noch eine einzige Rosenblüte. Er hörte, dass der Meister alle anderen Blüten abgeschnitten hatte, und fragte ihn nach dem Grund. »Hätte ich sie daran gelassen,

hättest du nicht eine von ihnen gesehen«, erklärte der Meister.
Und nach einer kurzen Pause fügte er hinzu: »Du hast dich immer mehr an die große Menge gewöhnt, mein Freund. Wann hast du das letzte Mal eine einzelne Person gesehen?«

ANTHONY DE MELLO

7

Tanz in deinem inneren Garten
in Bewegung

VERBINDE DIR die Augen und spaziere im Zimmer herum zum Takt einer Musik, die in dir angenehme sowie unangenehme Gefühle hervorruft. Drücke sie durch Bewegungen und Gesten aus. Pass dabei auf, dass du keine Scheiben und zerbrechlichen Dinge zerbrichst. Aber zeige durch deine Gestik und Bewegungen, dass du deine Gefühle der Liebe und des Grolls ganz auslebst.

Atme danach bewusst und zieh die Augenbinde ab.

Der Meister besaß das, was unter den Begriff »Ehrfurcht vor dem menschlichen Leib« fällt. Als ein Schüler den Leib als ein »irdenes Gefäß« einstufte, zitierte der Meister begeistert den Dichter Kabir: »Im Innern dieses irdenen Gefäßes sind tiefe Schluchten und Himalaja-Berge, die sieben Meere sind da und tausend Millionen Milchstraßen, die Musik der Sphären und die Quelle von Wasserfällen und Flüssen.«

ANTHONY DE MELLO

3. MONAT

LEBENSENERGIE

Ein Geschäftsmann wollte vom Meister wissen,
was das Geheimnis eines erfolgreichen Lebens sei.
Sagte der Meister:
»Mach jeden Tag einen Menschen glücklich!«
Und er fügte als nachträglichen Gedanken hinzu:
»... selbst wenn du dieser Mensch selbst bist.«
Nur wenig später sagte er: »Vor allem,
wenn du dieser Mensch selbst bist.«

ANTHONY DE MELLO

1

Der Garten des Frühlings

in sitzender Haltung oder in Bewegung

STELL DIR einen Garten im Frühling vor. Beobachte jedes Detail in diesem Garten: die Erde, Pflanzen, die Büsche, Sträucher, Triebe, Knospen, Blumen ... Verweile bei ihren Farben, Formen, ihrem Geruch, Geschmack ... Beobachte, welche Gefühle diese Pflanzen und Blumen des Frühlings in dir wachrufen. Versuche dann, diese ganze lebendige Energie zu spüren, die von der Erde in die Höhe steigt und vom Himmel in die Tiefe sinkt. Atme durch und nimm diese Energie auf, fühl dich wie neu geboren.

»Das Glück ist ein Schmetterling«, sagte der Meister. »Jag ihm nach, und er entwischt dir. Setz dich hin, und er lässt sich auf deiner Schulter nieder.«
»Was soll ich also tun, um das Glück zu erlangen?«
»Hör auf, hinter ihm her zu sein.«
»Aber gibt es nichts, was ich tun kann?«
»Du könntest versuchen, dich ruhig hinzusetzen, wenn du es wagst.«

ANTHONY DE MELLO

2

Die Spiele deiner lebendigen Energie

in sitzender Haltung oder liegend

ATME BEWUSST ein paar Mal und spüre den Hauch in dir.

Spüre den Atem wie ein zartes Nahrungsmittel, das langsam vom Körper aufgenommen wird.

Spüre danach jeden Teil deines Körpers und beobachte aufmerksam, wie sich das Leben dort offenbart: Puls, Wärme, Kribbeln.

Spüre schließlich den Körper als Ganzes und folge den Energieströmen, die durch ihn fließen. Atme wieder gut durch.

> »Wie lange dauert die Gegenwart, eine Minute oder eine Sekunde?«
> »Viel kürzer und viel länger«, sagte der Meister. »Kürzer, weil der Augenblick, den du angezielt hast, vorbei ist. Länger, weil, wenn du je in sie eingedrungen bist, du auf die Zeitigkeit stoßen und erfahren wirst, was Ewigkeit ist.«
>
> ANTHONY DE MELLO

3

Die Grotte

in sitzender Haltung

ZIEH DICH in deiner Fantasie in eine Höhle an einem Flussufer zurück. Dort meditierst du über das Leben, das auf unserer Erde entsteht, wächst und wieder verschwindet.

Beobachte das Wachsen der Pflanzen und der Bäume, die Früchte, die sie tragen und wie sie wieder verschwinden.

Schau den Vögeln und den Tieren zu, wie sie geboren werden, wachsen, sich paaren, die Jungen gebären und sterben.

Stell dir einen Jungen oder ein Mädchen vor und begleite es durch sein Leben hindurch. Rufe dann deinen eigenen Weg in Erinnerung.

Beende die Übung, indem du diesem Leben ein Gebet widmest.

Als der Meister gefragt wurde, ob es ihn denn nicht entmutige, dass all seine Mühe anscheinend kaum Früchte trug, erzählte er die Geschichte von einer Schnecke, die an einem kalten, stürmischen Tag im späten Frühjahr aufbrach, um den Stamm eines

Kirschbaums emporzuklettern. Die Spatzen auf dem Nachbarbaum lachten über ihr Unterfangen.
Da flog ein Spatz auf die Schnecke zu und piepste sie an: »He, du Dummkopf, siehst du nicht, dass auf dem Baum keine Kirschen sind?« Der Winzling ließ sich nicht aufhalten und sagte: »Macht nichts, bis ich oben bin, sind welche dran.«

ANTHONY DE MELLO

4

Das geheiligte Feuer
in sitzender Haltung

BEOBACHTE LANG und aufmerksam die Flamme einer Kerze, die vor dir brennt. Oder stell dir ein Feuer vor, das brennt. Spüre seine Leichtigkeit, Lebendigkeit ...

Beobachte, wie die züngelnden Flammen die Materie verschlingen und verändern. Stell dir vor, wie sie in der Leere verschwinden.

Vergleiche dann dein Leben mit dieser Flamme, diesem züngelnden Feuer.

»Was ist das Ziel deiner Suche?«
»Frieden«, sagte der Gast.
»Denjenigen, die suchen, ihr eigenes Ich zu schützen, bringt der Frieden nur Unruhe.«
Und zu einer Gruppe frommer Leute, die zu ihm kamen, um ihn anzugaffen und um einen Segen zu bitten, sagte der Meister: »Möge der Friede Gottes euch stets beunruhigen.«
ANTHONY DE MELLO

5

Die vitalen Energien aufnehmen

in Bewegung

IN DIESER Meditation versuchst du mit verbundenen Augen, die Energien der verschiedenen Objekte, mit denen du in Kontakt trittst, wahrzunehmen und zu spüren.

Bevor du mit der Meditation anfängst, stell die Gegenstände, die dir als Wahrnehmungsobjekte dienen sollen, an einen bestimmten Ort:

Kissen für den Kontakt,

Blume oder Parfum für den Geruch,

Brot für den Geschmack,

Glocke oder Gong für den Gehörsinn.

Dieselben Gegenstände werden dir auch zur Betrachtung dienen.

Spaziere im Zimmer herum und nimm die verschiedenen Gegenstände im Raum wahr.

Kehre schließlich an den Ort zurück, wo du die Artikel aufgestellt hast. Versuche, ihre Energie zu spüren und sie mit viel Aufmerksamkeit wahrzunehmen.

Entferne die Augenbinde und nimm die Energie mit den Augen auf.

Der Gedanke, dass alles in der Welt vollkommen ist, überstieg das Maß dessen, womit die Schüler einverstanden sein konnten. So fasste es der Meister in Begriffe, die ihrem Verständnis besser entsprachen. »Gott webt vollkommene Muster mit den Fäden unseres Lebens«, sagte er, »sogar mit unseren Sünden. Der Grund, warum wir dies nicht erkennen, liegt darin, dass wir die Rückseite des Teppichs betrachten.«
Und noch prägnanter: »Was manche Leute für einen glänzenden Stein halten, erkennt der Juwelier als einen Diamanten.«

ANTHONY DE MELLO

6

Das Feuer in den Lebewesen

in sitzender Haltung

JEDES LEBEWESEN – Baum, Tier oder Mensch – ist eine brennende Flamme. Besonders bei den Menschen ist die Flamme sichtbar.

Vergegenwärtige in deinem Geist verschiedene Lebewesen und betrachte sie als brennende Flammen.

Beobachte die Verschiedenartigkeit der Flammen, die klaren Flammen, die kräftigen Flammen, aber auch die rauchenden und rußenden …

Versuche wahrzunehmen, wie du bestimmte Energien leicht aufnimmst, die anderen aber nur mit Schwierigkeiten … all dies ohne zu werten.

Beende die Meditation mit einigen Atemzügen.

Ein junger Amerikaner kam als Büroangestellter ins Weiße Haus und nahm an einem Empfang teil, den der Präsident allen Angestellten des Weißen Hauses gegeben hatte. Er dachte, seine Mutter würde es aufregend finden, aus dem Weißen Haus angerufen zu werden, also ließ er durch die Vermittlung eine Verbindung herstellen.

»Mutter«, sagte er stolz, »heute ist ein großer Tag für mich. Weißt du, woher ich anrufe? Aus dem Weißen Haus.«

Die Antwort vom anderen Ende war nicht ganz so aufgeregt, wie er es erwartet hatte. Schließlich sagte seine Mutter: »Es war auch ein großer Tag für mich, mein Junge.«

»Wirklich? Was ist passiert?«

»Ich habe es endlich geschafft, die Mansarde auszuräumen.«

ANTHONY DE MELLO

7

Gib deinen lebendigen Atem

aufrecht

ATME TIEF ein, während du gleichzeitig deine Arme hebst; senke sie behutsam und atme langsam aus. Wiederhole diese Bewegung ein paar Mal. Spüre deinen lebendigen Atem, deine Energie, deine Flamme. Sende diese Energie mit großen Gesten an alle Lebewesen. Fang mit der Erde und den Pflanzen an und gehe weiter zu den wertvollsten Lebewesen bis hin zu Gott.

> Die Karriere von Sudha Chandram, einer zeitgenössischen indischen Tänzerin, brach an ihrem Höhepunkt ab, weil ihr rechtes Bein amputiert werden musste. Nachdem ihr eine Prothese angepasst worden war, begann sie wieder zu tanzen, und – so unwahrscheinlich es klingt – es gelang ihr, wieder an die Spitze zu kommen. Als sie gefragt wurde, wie sie das geschafft hatte, antwortete sie: »Zum Tanzen braucht man keine Füße.«
>
> ANTHONY DE MELLO

4. MONAT

Abhängigkeit / Unabhängigkeit

»Was bedeutet es, erleuchtet zu sein?«
»Zu sehen.«
»Was?«
»Die Hohlheit von Erfolg, die Leerheit von Errungenschaften, die Nichtigkeit menschlichen Strebens«, sagte der Meister.
Der Schüler war entsetzt: »Aber das ist doch Pessimismus und Verzweiflung?«
»Nein! Das ist die Erregung und Freiheit des Adlers, der über eine abgrundtiefe Schlucht dahinschwebt.«
ANTHONY DE MELLO

1

Atme langsam und richte die Aufmerksamkeit auf deinen Atem

sitzend, liegend oder stehend

ATME EINIGE Minuten aufmerksam ein und aus. Dann atme ein wenig tiefer ein, sodass du den Atem so lang wie möglich anhalten und ihm Aufmerksamkeit schenken kannst.

Wenn du den Atem nicht mehr anhalten kannst, atme langsam und bewusst aus. Während du den Atem anhältst, beobachte, wie der Körper diese feine Nahrung aufnimmt.

Bleibe nicht bei deinen Gedanken, noch bei Gedanken über den Atem.

Fühle aufmerksam den Atem.

Nachdem er gegangen war, sagte der Meister einen einzigen Satz als trockenen Kommentar: »Diejenigen, die auf dem Fußboden schlafen, fallen nie aus ihren Betten.«

ANTHONY DE MELLO

2

Angenehme und unangenehme Geräusche, Gerüche und Geschmack

sitzend

RICHTE DEINE Aufmerksamkeit bedachtsam auf alle Geräusche und Töne, die um dich herum entstehen.

Versuche nicht, sie zu verstehen, sondern beobachte nur, ob sie angenehm oder unangenehm sind. Frage nicht nach dem Warum. Stelle fest, dass einige angenehm sind, andere unangenehm, dass du von einigen gern umgeben wärst und du andere am liebsten weit von dir weg schieben würdest.

Hänge dich nicht an die angenehmen Töne und schiebe die unangenehmen nicht von dir weg.

Verfahre ebenso mit dem Temperaturgefühl (die Hitze und Kälte, die du um und in deinem Körper fühlst), den Gerüchen und, wenn möglich, dem Geschmack.

Sagte ein Schüler: »Wir haben anzuziehen und zu essen – wie kommen wir von all dem weg?«

»Wir essen und wir trinken«, sagte der Meister.

»Ich verstehe nicht.«

»Wenn du nicht verstehst, dann kleide dich an und iss dein Mahl.«
Später sagte er: »Du erhebst dich über etwas, dem du aus dem Weg gehst!«
Und noch später: »Leute, die sich über ein gut zubereitetes Mahl und ein gut geschnittenes Gewand erheben wollen, sind spirituell nicht bei Sinnen.«

ANTHONY DE MELLO

3

Angenehme und unangenehme Gefühle

auf dem Rücken liegend

BEI DIESER Meditation bleibst du bei den körperlichen Gefühlen.

Nachdem du sie überall im Körper gespürt hast, beobachte, wo du angenehme Gefühle hast und welche dir unangenehm sind.

Versuche nicht, die angenehmen Gefühle zurückzuhalten und schiebe die unangenehmen nicht von dir weg.

Ein Mann suchte einen Psychiater auf und sagte ihm, er werde jede Nacht von einem über dreißig Meter langen Drachen mit drei Köpfen besucht.
Er war ein Nervenbündel, konnte nicht mehr schlafen und war am Rande eines Zusammenbruchs. Sogar an Selbstmord hatte er schon gedacht.
»Ich glaube, ich kann Ihnen helfen«, sagte der Psychiater, »aber ich muss Sie warnen, es wird ein oder zwei Jahre dauern und 3000 Dollar kosten.«
»3000 Dollar!«, rief der Mann. »Vergessen Sie es! Ich werde einfach nach Hause gehen und mich mit dem Drachen anfreunden.«

ANTHONY DE MELLO

4

Die Dinge, die ich gern hatte, und die Dinge, die ich verabscheute

sitzend

VERSUCHE DICH in deiner Vorstellung in der Vergangenheit zu sehen, an einem Ort, wo du eine Zeit deines Lebens verbracht hast.

Betrachte die Dinge, die dich in dieser Zeit umgeben haben, im Haus, um das Haus, am Ort deiner Tätigkeit, auf den Straßen und Wegen, die du benutzt hast.

Beobachte aufmerksam die Dinge, die du gemocht hast, ebenso diejenigen, die du verabscheut hast, und diejenigen, die dir gleichgültig waren.

Versteckte sich hinter diesen Dingen eine Abhängigkeit?

Waren sie eine absolute Bedingung für dein Glück?

Wo hast du versucht, sie von dir wegzuschieben?

Wenn du es willst, kehre zu einem anderen Ort in deiner Vergangenheit zurück.

Ein vom Äußeren her streng und unnachsichtig wirkender Sufi erschien vor den Toren des Palastes. Niemand wagte ihn aufzuhalten, als er geradewegs

auf den Thron zuschritt, den der heiligmäßige Ibrahim ben Adam innehatte.
»Was wünschest du?«, fragte der König.
»Einen Platz, um in dieser Karawanserei zu schlafen.«
»Das ist keine Karawanserei. Das ist mein Palast.«
»Darf ich fragen, wem dieser Ort vor euch gehörte?«
»Meinem Vater. Er ist tot.«
»Und wem gehörte er vor diesem?«
»Meinem Großvater. Er ist auch tot.«
»Und dieser Ort, den Menschen eine kurze Weile bewohnen und dann weiterziehen – sagtet ihr wirklich, er sei keine Karawanserei?«

ANTHONY DE MELLO

5

Eine angenehme Musik

sitzend, später in Bewegung

DU MEDITIERST heute mit einer angenehmen Musik. Richte deine ganze Aufmerksamkeit auf die Wirkung, die diese Musik auf dich hat: Wo berührt sie dich? Wie? Welche Gefühle ruft sie in dir hervor?

Dann erhebe dich sanft und aufmerksam und bewege dich im Rhythmus dieser Musik. Beobachte weiterhin die Wirkung der Musik auf dich.

Wenn die Musik aufhört, beobachte, was du an dieser Musik als angenehm empfunden hast. Beobachte, was diese Musik in dir hervorruft.

Einmal stellte der Meister eine Rätselfrage: »Was haben Künstler und Musiker mit dem Mystiker gemeinsam?«
Niemand wusste eine Antwort. »Die Einsicht, dass die feinste Sprache nicht von der Zunge kommt«, sagte der Meister.

ANTHONY DE MELLO

6

Eine unangenehme Musik

sitzend, später in Bewegung

FINDE EINE unangenehme, schrille, misstönende (kakophonische) Musik (die Tibeter verwenden häufig diese Art).

Richte deine gesamte Aufmerksamkeit auf die Wirkung, die diese Art von Musik auf dich hat: Wo berührt sie dich? Wie? Welche Art von Gefühlen ruft sie in dir hervor?

Danach erhebe dich sanft und aufmerksam und bewege dich im Rhythmus dieser Musik. Beobachte weiterhin die Wirkung auf dich.

Wenn die Musik aufhört, beobachte, was du an dieser Musik als unangenehm empfunden hast. Beobachte, was diese Musik in dir hervorruft. Schließlich beobachte, ob sie immer unangenehm ist.

Der Meister lehrte: Ein Grund dafür, warum viele so unglücklich sind, ist in deren Meinung zu suchen, dass es nichts gebe, was sie nicht ändern konnten. Und er erzählte gern die Geschichte von dem Mann, der zu dem Radiohändler sagte: »Dieser Transistor, den Sie mir verkauft haben, hat zwar eine ausgezeichnete Tonqualität, doch möchte ich ihn gegen einen anderen tauschen, der ein besseres Programm bietet.«

ANTHONY DE MELLO

7

Plötzliches Ausatmen

auf den Fersen sitzend oder stehend

ATME TIEF durch die Nase ein. Spüre den Atem während des Einatmens.

Halte ihn gut an und atme dann plötzlich durch den Mund aus, indem du den Kopf und die Arme zum Boden bringst.

Bleibe einige Augenblicke in dieser Haltung, lass den Körper entspannt hängen.

Es war eine Freude, den Meister die einfachsten Tätigkeiten ausführen zu sehen: ob er saß oder ging, eine Tasse Tee trank oder eine Fliege verscheuchte. Alles, was er tat, hatte Anmut und ließ ihn in Harmonie mit der Natur erscheinen, so als würden seine Handlungen nicht von ihm, sondern vom Universum hervorgebracht.
Als er einmal ein Paket erhielt, beobachteten ihn die Schüler gebannt und ehrfürchtig, wie er die Schnur löste, das Papier entfernte und den Inhalt herausnahm, so als wäre das Paket ein lebendiges Geschöpf.

ANTHONY DE MELLO

8

Die Menschen, die ich gern hatte

sitzend oder liegend

KEHRE ZU einem bestimmten Zeitpunkt in deiner Vergangenheit zurück und beobachte die Menschen, die dich umgaben.

Welche hattest du gern? Bei welchen fühltest du Liebe, ein Gefühl, das dich nährte?

Bleibe nicht in Gesellschaft von Menschen, die dich ängstigten, die dich verabscheuten, die dir deine Kräfte nahmen, sondern nur von solchen, in deren Gesellschaft du keinerlei Angst verspürtest.

Beobachte, wie die Liebe nährt. Wenn die Liebe sich in Furcht oder Unbehagen verwandelt, ist dies ein Zeichen einer versteckten Abhängigkeit.

Es war der Tag der Goldenen Hochzeit. Das Paar war den ganzen Tag über mit den vielen Verwandten und Freunden, die vorbeikamen, um zu gratulieren, auf Trab gehalten worden. So waren sie froh, als sie gegen Abend allein vor dem Haus sitzen und der untergehenden Sonne zusehen konnten, um sich von dem anstrengenden Tag zu erholen.

Der alte Mann blickte seine Frau liebevoll an und sagte: »Agatha, ich bin stolz auf dich!«
»Was hast du gesagt?«, fragte die alte Dame. »Du weißt doch, ich höre schlecht. Sprich lauter.«
»Ich sagte, ich bin stolz auf dich.«
»Macht nichts«, erwiderte sie mit einer abfälligen Handbewegung, »Ich habe dich auch satt!«

ANTHONY DE MELLO

9

Die Menschen, die ich verabscheute

sitzend oder liegend

KEHRE ZU einem bestimmten Zeitpunkt in deiner Vergangenheit zurück und beobachte die Menschen, die dich umgaben.

Welche hast du verabscheut? Welche waren dir gleichgültig?

Beobachte aufmerksam den Hass, den Abscheu, die Angst und das Unbehagen, das du in Gesellschaft dieser Menschen empfunden hast.

Denke nicht über diese Gefühle nach, sondern nimm sie einfach zur Kenntnis.

Beobachte, wo du in dir die Wirkung dieser negativen Gefühle spürst. Beobachte, wie du diese Person von dir wegschiebst.

Wo ist die versteckte Abhängigkeit?

Ich war stocktaub. Ich sah Leute aufstehen und verschiedene kreisende Bewegungen machen. Sie nannten es tanzen. Es kam mir absurd vor, bis ich eines Tages die Musik hörte. Und dann verstand ich. Wie schön war der Tanz!

Nun sehe ich das alberne Benehmen der Heiligen.
Aber ich weiß, mein Geist ist tot. Also enthalte ich mich jeden Urteils, bis er lebendig wird. Vielleicht werde ich dann verstehen.
Und ich sehe das verrückte Benehmen von Liebenden.
Aber ich weiß, mein Herz ist tot.
Anstatt also ein Urteil zu fällen, begann ich zu beten, mein Herz möge eines Tages wieder lebendig werden.

ANTHONY DE MELLO

10

Die drei Vergleiche

liegend

BEOBACHTE IN deiner Vorstellung den Sonnenuntergang.

Fühle die Freude, das Vergnügen und das Glück, das du bei dieser Szene empfindest.

Beobachte dich in einem anderen Moment: Du bist umgeben von Menschen, die dir Komplimente für deine Erfolge machen.

Fühle die Freude, das Vergnügen und das Glück, das du in diesen Komplimenten findest.

Vergleiche anschließend den Unterschied in der Freude, die du in den beiden Fällen empfunden hast.

Bemerke die versteckte Abhängigkeit im zweiten Fall.

In gleicher Weise den Besuch eines Freundes oder einer Freundin im Vergleich zu einem erfolgreich bestandenen Examen oder Wettbewerb.

In gleicher Weise die mit einem Hobby verbrachte Zeit im Vergleich mit der Freude, die du empfindest, wenn du über andere Personen Macht ausüben kannst.

Fühle das Glück, das im Loslassen liegt; beobachte, wie du die Abhängigkeit entwurzeln und das Glück aufleben lassen kannst.

Eine Krähe erhob sich einst in den Himmel mit einem Stück Fleisch im Schnabel. Zwanzig Krähen flogen auf, sie zu verfolgen, und griffen sie erbittert an. Schließlich ließ die Krähe das Stück Fleisch fallen. Darauf ließen die Verfolger von ihr ab und flogen kreischend dem Stück Fleisch nach.
Sagte die Krähe: »Jetzt ist es friedlich hier oben. Der ganze Himmel gehört mir.«
Sagte ein Zen-Mönch: »Als mein Haus abbrannte, behinderte nichts meine Sicht auf den nächtlichen Mond.«

ANTHONY DE MELLO

11

Den Strom fließen lassen

auf dem Rücken liegend

BEOBACHTE IN deiner Vorstellung einen fließenden Strom.

Folge ihm soweit wie möglich und beobachte die Einzelheiten aus der Nähe: das Wasser, die Kiesel, Steine, Felsen umspült … kleine Staudämme und Wasserfälle.

Versuche anschließend, zu diesem Strom zu werden und wie er zu fließen.

Ein Mönch ging eines Tages im Klostergarten spazieren und hörte das Lied eines Vogels.
Verzaubert lauschte er. Ihm war, als hätte er nie zuvor einen Vogel singen hören, wirklich gehört.
Als das Lied zu Ende war, ging er in das Kloster zurück und entdeckte zu seiner Bestürzung, dass er für seine Mitbrüder ein Fremder war und sie für ihn.
Nur langsam wurde ihm und ihnen klar, dass er nach Jahrhunderten zurückgekehrt war. So versunken hatte er gelauscht, dass die Zeit stehen geblieben und in die Ewigkeit hinübergeglitten war.

ANTHONY DE MELLO

5. MONAT

Der innere Meister

»Wo werde ich einen würdigen Meister finden,
wenn ich in meine Heimat zurückkehre?«
»Es gibt keinen einzigen Augenblick,
in dem du ohne einen bist.«
Der Schüler war irritiert.
»Beobachte einfach deine Reaktion auf alles –
einen Vogel, ein Blatt, eine Träne, ein Lächeln –,
und du wirst in allen Dingen deinen Meister finden.«
ANTHONY DE MELLO

1
Auf den Körper hören
stehend

ATME AUFMERKSAM und entspanne dich. Dein Körper steht ganz aufrecht, aber ohne Spannung.

Spüre den Körper von den Füßen bis zum Kopf, vom Kopf bis zu den Händen. Wiederhole diese Beobachtungen einige Mal.

Anschließend höre aufmerksam auf die Worte deines Körpers. Er spricht.

Kritisiere ihn nicht, beurteile ihn nicht.

Hör einfach auf die Worte, mit denen er seine Bedürfnisse ausdrückt.

Anschließend antworte ihm.

> Der Meister pflegte häufig zu behaupten, dass Heiligkeit weniger davon abhänge, was jemand tue, als davon, was er geschehen lasse.
> Einer Gruppe von Schülern, die das nicht recht begreifen konnten, erzählte er die folgende Geschichte:
> »Es war einmal ein einbeiniger Drachen, der sagte zur Tausendfüßler-Dame: ›Wie dirigierst du bloß alle diese Beine? Ich werde gerade so mit einem fertig.‹
> ›Die Wahrheit ist‹, antwortete der Tausendfüßler, ›Ich dirigiere sie überhaupt nicht.‹«
>
> ANTHONY DE MELLO

2

Die Evokation

Spaziergang mit verbundenen Augen

GEH LANGSAM und aufmerksam im Zimmer umher.

Berühre verschiedene Dinge und beobachte, welche Evokationen sie in deinem Bewusstsein hervorrufen. Eine Evokation ist ein starkes Gefühl, das dir etwas sagt.

Triff danach in deiner Vorstellung verschiedene Lebewesen von draußen: einen Baum im Garten, eine Pflanze, einen Vogel, eine Katze, einen Hund oder ein anderes Tier, und werde schweigsam im ihrer Gegenwart.

Beobachte, welche Evokationen diese Lebewesen in dir wachrufen.

> Es gibt so viele Dinge in unserem Leben, die nicht geändert werden können! Wir sind ihnen gegenüber machtlos. Doch wenn wir Ja zu ihnen sagen können, kommen wir zum Frieden. Der Frieden liegt im Ja.
>
> ANTHONY DE MELLO

3

Auf Geräusche von außen hören

auf dem Rücken liegend

ATME AUFMERKSAM. Dann spüre deinen Körper.

Danach hör auf alle Töne und Geräusche von außen.

Wähle aus all diesen verschiedenen Geräuschen eines, das sich klar heraushören lässt.

Spüre es mit deiner gesamten Aufmerksamkeit.

Beobachte, was es dir sagt und antworte ihm mit wahren Worten.

Die Schüler hatten viele Fragen in Bezug auf Gott.
Sagte der Meister: »Gott ist das Unbekannte und Unerkennbare. Jede Aussage über ihn entstellt die Wahrheit.« Die Schüler waren verwirrt. »Warum sprecht ihr dann überhaupt von Gott?«
»Warum singt der Vogel?«, sagte der Meister. Ein Vogel singt nicht, weil er eine Aussage machen will. Er singt, weil ihm ein Lied gegeben ist.
Die Worte eines Gelehrten wollen verstanden werden. Den Worten des Meisters aber soll man lauschen, wie man dem Wind in den Bäumen lauscht, dem Rauschen des Flusses und dem Lied des Vogels. Sie werden im Herzen etwas wachrufen, was alles Wissen übersteigt.

ANTHONY DE MELLO

4

Auf den Liebsten hören

sitzend

LASS IN DIR die Erinnerung an einen Menschen, den du liebst, aufsteigen. Zuerst beobachte aufmerksam jedes Detail seines Körpers und seines Gesichts.

Danach lass ihn sprechen.

Hör aufmerksam auf all seine Worte.

Antworte ihm und sprich mit ihm über alle Dinge, die es zu besprechen und anzuhören gibt.

Eine Geschichte von Attar aus Neishapur. Der Verehrer klopfte an die Tür seiner Liebsten.
»Wer klopft?«, fragte die Liebste von drinnen.
»Ich bin's«, sagte der Liebhaber.
»Dann geh weg. Dieses Haus hat keinen Platz für dich und mich.«
Der abgewiesene Verehrer ging in die Wüste. Dort meditierte er monatelang über den Worten der Geliebten. Schließlich kehrte er zurück und klopfte wieder an die Tür.
»Wer klopft?«
»Du bist es.«
Und sofort wurde aufgetan.

ANTHONY DE MELLO

5

Auf den Feind hören

sitzend

LASS IN DIR die Erinnerung an einen Menschen, den du hasst, aufsteigen. Beobachte ihn aufmerksam: seinen Körper, sein Gesicht und spüre in dir den ganzen Hass und die Abneigung.

Sag dem Menschen anschließend, was du für ihn empfindest und hör aufmerksam auf seine Worte.

Beobachte alle Veränderungen, die in dir stattfinden.

Versuche nicht, eine Versöhnung zu beeinflussen.

Lass sie eher in dir aufleben.

Wenn man glücklich sein möchte, kann man es augenblicklich sein. Das Glück liegt in diesem Augenblick. Wenn man jedoch noch glücklicher sein will oder glücklicher als die anderen, zeigt man alle Eigenschaften eines unglücklichen Menschen, denn Glück ist unvergleichlich. Solche Wünsche sind unerfüllbar. Man kann nur so glücklich sein wie man selbst ist; das Glück der anderen lässt sich nicht messen.

ANTHONY DE MELLO

6

Die Gemeinschaft

sitzend

ATME. SPÜRE deinen Körper. In deiner Vorstellung beobachtest du anschließend, wie eine Person auftaucht und sich vor dich stellt.

Beobachte sie aufmerksam, aber sprich nicht mit ihr. Spüre nur die Evokation, die diese Person in dir hervorruft.

Anschließend beobachte eine zweite Person, die sich hinter dich stellt. Geh auf die gleiche Weise auch mit dieser Person vor.

Anschließend eine dritte Person zu deiner rechten und eine vierte Person zu deiner linken Seite.

Spüre die aus diesen fünf Personen zusammengesetzte Gemeinschaft mit dir in der Mitte.

Beobachte deine Evokationen.

Ein recht gut gekleideter Fremder stand vor der Tür und bat die erstaunte Hausfrau, ihm etwas zu essen zu geben. »Es tut mir leid«, sagte sie, »ich habe gerade jetzt nichts im Haus.«
»Keine Sorge«, sagte der liebenswürdige Fremde, »ich habe einen Suppenstein in meinem Bündel.

Wenn Sie erlauben, tue ich ihn in einen Topf kochenden Wassers und werde damit die köstlichste Suppe der Welt zubereiten. Einen sehr großen Topf, bitte.«

Die Frau war neugierig. Sie stellte den Topf auf den Ofen und flüsterte einer Nachbarin die Geschichte von dem Suppenstein zu. Als das Wasser zu kochen begann, hatten sich alle Nachbarn eingefunden, um den Fremden und seinen Suppenstein zu sehen. Der Fremde ließ den Stein ins Wasser fallen, kostete dann einen Teelöffel voll, verzog genüsslich das Gesicht und rief: »Ah, köstlich! Es brauchte nur noch einige Kartoffeln.«

»Ich habe Kartoffeln in der Küche«, rief eine Frau. In ein paar Minuten brachte sie eine große Menge schon kleingeschnittener Kartoffeln, die in den Topf geworfen wurden. Dann kostete der Fremde wieder das Gebräu. »Ausgezeichnet!«, sagte er und fügte betrübt hinzu: »Wenn wir bloß etwas Fleisch hätten, gäbe das einen sehr schmackhaften Eintopf.«

Eine andere Hausfrau stürzte nach Hause und kam mit etwas Fleisch zurück, das der Fremde gnädig entgegennahm und in den Topf warf. Als er die Brühe wieder kostete, rollte er die Augen himmelwärts und sagte: »Wie schmackhaft! Wenn wir noch etwas Gemüse hätten, wäre sie vollkommen, wirklich vollkommen!«

Einer der Nachbarn lief nach Hause und kam mit einem Korb voll Mohrrüben und Zwiebeln zurück, die auch in den Suppentopf wanderten. Der Fremde schmeckte ab und sagte im Befehlston: »Salz und

Maggi.« – »Die stehen hier«, sagte die Hausfrau. Darauf ein weiterer Befehl: »Für jeden einen Suppenteller!« Die Leute liefen nach Hause, um die Teller zu holen. Einige brachten sogar Brot und Obst mit. Dann setzten sie sich alle hin zu einer köstlichen Mahlzeit, und der Fremde teilte jedem eine große Portion seiner unglaublichen Suppe aus. Alle fühlten sich merkwürdig glücklich, als sie miteinander redeten und lachten und zum ersten Mal zusammen aßen. Mitten in der Fröhlichkeit schlich sich der Fremde still davon und ließ den wundertätigen Suppenstein zurück, den sie, wann immer sie Lust hatten, benutzen konnten, um die beste Suppe der Welt zuzubereiten.

ANTHONY DE MELLO

7

Die Betrachtung des inneren Meisters

sitzend oder liegend

IN DIESER Meditation verleihst du deinem inneren Meister ein Gesicht:

Frau oder Mann, der- oder diejenige, der/die mit dir mittels Evokationen oder Worten spricht.

Gib ihm/ihr auch einen Körper und bespreche mit ihm/ihr all deine Schwierigkeiten, Probleme, deine Freuden, Erfolge …

Hör aufmerksam auf seine/ihre Ratschläge.

Mutter: »Bist du dir im Klaren, dass Gott anwesend war, als du den Keks in der Küche geklaut hast?«

»Ja.«

»Und dass er dich die ganze Zeit über angeschaut hat?«

»Ja.«

»Und was, meinst du, hat er zu dir gesagt?«

»Er sagte: Niemand ist hier außer uns beiden – nimm zwei.«

ANTHONY DE MELLO

8

Die Worte von kosmischen Wesen

man geht im Meditationssaal umher und macht dabei Gesten

STELL DIR die Sonne am Himmel vor, öffne deine Arme weit, spüre sie und höre, was sie dir sagt.

Stell dir vor, dass du bei Nacht spazieren gehst und den Mond betrachtest. Falte deine Hände vor dir und höre seine Worte.

Triff den Wind, schlage mit deinen Armen wie ein Vogel und spüre die Evokation.

Wirf dich auf den Boden, die Arme und Beine ausgestreckt und spüre die Evokation der Erde.

Stell dir den Ozean vor, geh hinein, tauche auf seinen Grund (in Fötusstellung) und spüre die Evokation.

Dann beobachte dich selbst und alles, was du von diesen kosmischen Wesen erhalten hast.

»Wie kann ich mich verändern?«
»Du bist du selbst, deshalb kannst du dich selbst ebenso wenig verändern, wie du deinen eigenen Füßen davonlaufen kannst.«
»Gibt es also nichts, was ich tun kann?«

»Du kannst dies begreifen und akzeptieren.«
»Wie werde ich mich ändern, wenn ich mich selbst akzeptiere?«
»Wie willst du dich ändern, wenn du dich nicht akzeptierst? Was du nicht akzeptierst, änderst du nicht, du schaffst es nur, es zu unterdrücken.«

ANTHONY DE MELLO

6. MONAT

Leben ohne Angst

Der Meister sprach gern darüber, wie Natur und Heiligkeit ineinander verwoben sind. Er saß einmal im Garten, als er ausrief:
»Sieh nur diesen fröhlichen blauen Vogel dort auf dem Ast, wie er hin und her hüpft, sein Lied in die Welt schmettert und sich uneingeschränkter Freude überlässt, weil er nichts von morgen weiß!«

ANTHONY DE MELLO

1

Der Abschluss, erster Teil

ICH STELLE mir vor, dass ich heute sterben muss. Ich erbitte mir die Zeit zum Alleinsein, damit ich für meine Freunde eine Art Testament aufsetzen kann, für das die folgenden Punkte als Überschriften über die einzelnen Abschnitte dienen könnten.

Diese Dinge habe ich im Leben geliebt: Dinge, die ich schmeckte … die ich anschaute … roch … hörte … berührte …

Diese Erfahrungen waren mir teuer … Diese Gedanken haben mich befreit …

Diese Anschauungen habe ich überwunden … Aus diesen Überzeugungen habe ich gelebt …

Für diese Dinge habe ich gelebt …

Ein Schüler musste rasch wieder heim, als ihn die Nachricht erreichte, dass sein Haus abgebrannt war. Er war ein alter Mann, und alle bedauerten ihn. Alles, was der Meister zu ihm sagte, war: »Es wird das Sterben leichter machen.«

ANTHONY DE MELLO

2

Der Abschluss, zweiter Teil

DIESE EINSICHTEN habe ich in der Schule des Lebens gewonnen: Erkenntnisse über Gott, die Welt, die menschliche Natur, Jesus Christus, Liebe, Religion, Gebet …

Diese Risiken habe ich auf mich genommen …

Diese Gefahren habe ich getrotzt …

Diese Leiden haben mich gestählt …

Diese Lehren hat das Leben mir erteilt …

Diese Einflüsse haben mein Leben geprägt (Menschen, Tätigkeiten, Bücher, Ereignisse) …

> Ein Elefant brach aus einer Herde aus und stürmte über eine kleine Holzbrücke, die einen Abgrund überspannte.
> Die altersschwache Brücke zitterte und ächzte unter dem Gewicht des Elefanten.
> Als er glücklich auf der anderen Seite war, rief ein Floh, der sich in einem Ohr des Elefanten niedergelassen hatte, hochzufrieden: »Junge, Junge, die Brücke haben wir ganz schön wackeln lassen!«
>
> ANTHONY DE MELLO

3

Der Abschluss, dritter Teil

DIESE DINGE aus meinem Leben bereue ich …

Diese Dinge habe ich in meinem Leben erreicht …

Diese Menschen sind meinem Herzen nahe …

Dies sind meine unerfüllten Wünsche …

Ich wähle mir einen Schluss für mein Testament: ein Gedicht – von mir selbst oder von einem anderen – oder ein Gebet, eine Zeichnung oder ein Bild aus einer Zeitschrift, ein Schriftwort oder irgendetwas, was mir ein passender Abschluss für mein Testament zu sein scheint.

Ein Kaufmann in Bagdad schickte seinen Diener mit einem Auftrag zum Basar. Der Mann kam blass und zitternd vor Angst zurück.

»Herr«, sagte er, »auf dem Markt traf ich einen Fremden. Als ich ihm ins Gesicht blickte, sah ich, dass es der Tod war. Er wies mit einer drohenden Gebärde auf mich und ging davon. Nun habe ich Angst. Bitte gebt mir ein Pferd, dass ich sofort nach Samarra reiten kann, um mich möglichst weit vom Tod zu entfernen.«

Der Kaufmann war besorgt um den Mann und gab ihm sein schnellstes Ross. Der Diener saß auf und war im Handumdrehen verschwunden.

Später ging der Kaufmann selbst auf den Basar und sah den Tod in der Menge herumlungern. Er ging zu ihm hin und sagte: »Du hast heute Morgen vor meinem armen Diener eine drohende Gebärde gemacht. Was soll das bedeuten?«
»Das war keine drohende Gebärde. Sir«, sagte der Tod. »Es war nur ein erstauntes Zusammenfahren, weil ich ihn hier in Bagdad traf.«
»Warum sollte er nicht in Bagdad sein? Hier wohnt er doch.«
»Nun, mir hatte man zu verstehen gegeben, dass ich ihn heute Abend in Samarra treffen würde.«
Die meisten Menschen haben solche Angst zu sterben, dass sie ganz darauf gerichtet sind, den Tod zu vermeiden, und dabei nie richtig leben.

ANTHONY DE MELLO

4
Die Freizeit

ICH STELLE mir vor, dass ich mich an einen einsamen Ort zurückziehe, um mir die Wohltat des Alleinseins zu gönnen, denn Einsamkeit ist eine Zeit, in der ich die Dinge sehe, wie sie sind.

Was sind die kleinen Dinge im Leben, die aus Mangel an Einsamkeit so ungehörig aufgebauscht werden? Was sind die wirklich großen Dinge, für die ich zu wenig Zeit finde?

Einsamkeit ist die Zeit, um Entschlüsse zu fassen. Welche Entschlüsse muss ich an diesem Wendepunkt des Lebens fassen oder neu bedenken? Ich treffe jetzt eine Entscheidung, wie der heutige Tag verlaufen soll: Soll es ein Tag voller Geschäftigkeit werden?

Ich zähle die Dinge auf, die ich heute unbedingt erledigen will ... Soll es auch ein Tag werden, an dem ich einfach da bin, ohne etwas leisten zu wollen, vielmehr um einfach zu sein?

Mein Leben wird keine Frucht tragen, wenn ich nicht die Kunst lerne, etwas beiseite zu legen, die Kunst, die Zeit schöpferisch zu »verschwenden«. Deshalb setze ich eine bestimmte Zeit fest für das Spiel ... für scheinbar nutzlose und unproduktive Liebhabereien ... für die Stille – Geselligkeit – Ausruhen ... Und ich überlege, was ich heute schmecken und berühren und riechen und anhören und sehen will ...

Ein junger Mann unternahm mit seiner Frau eine Autoreise. Er liebte es, schnell zu fahren. Nachdem sie eine Weile die Autobahn entlang gerast waren, nahm seine Frau die Straßenkarte und sagte: »Liebling, wir haben die falsche Autobahn genommen!« Darauf erwiderte der Mann stolz: »Macht nichts, dafür brechen wir gerade einen Rekord.«

ANTHONY DE MELLO

5

Meine Ängste, erster Teil

sitzend

ICH HABE Angst, in einer Unterführung, wenn ich allein bin. Keinen Ausweg finde.

Im Bus, abends spät.

Angst, einen lieben Menschen zu verlieren.

Angst, wenn ich krank werde, dass ich nicht mehr weiß, was ich tue, anderen zur Last falle.

Ich habe Angst vor den bevorstehenden Prüfungen, genauer, Angst, nichts zu wissen, vor der Leere, vor dem Nicht-Bestehen der Prüfungen, vor dem Nicht-Erreichen des Ziels.

Angst vor dem Verlust meines Lebenspartners, den ich sehr tief liebe.

Angst vor Ablehnung, vor Entwertung, vor Bloßstellung.

Angst beengt mich – Atemnot, Stechen in der Herzgegend, starke Druckgefühle auf der Schädeldecke.

Angst macht dumm.

Angst verhindert mein Denken. »Denklähmung«.

Ich verliere die Kontrolle über meine Wahrnehmung und über meine Körperfunktionen.

Angst vor der Angst.

Angst vor Krankheit. Angst, dass »Laute« und »Dominierende« um mich meine Liebe für die Welt zerstören könnten.

Angst, schwach zu sein.

Angst vor Entscheidung.

Angst, anders als die anderen zu sein.

Angst, nicht genug zu geben; emotional, immateriell.

Angst, alles allein machen zu müssen.

Ich lebe in der Angst, meine Kinder zu verlieren. Ich liebe sie so sehr, ich lebe für sie, Leben bedeutet für mich diese meine Kinder. Wenn ich sie verliere, dann habe ich nicht mehr Lust, weiterzuleben.

Ein ängstlicher Tourist fürchtete, zu nahe an den Klippenrand zu kommen. »Was soll ich machen, wenn ich hinunterfalle?«, fragte er den Führer. Der sagte voller Begeisterung: »In diesem Falle, Sir, sollten Sie unbedingt nach rechts blicken. Die Aussicht wird Ihnen gefallen.«

ANTHONY DE MELLO

6

Meine Ängste, zweiter Teil

sitzend

NICHT GELIEBT, akzeptiert und verstanden zu werden, löst in mir das Gefühl von Einsamkeit aus. Einsamkeit bedeutet Angst.

Angst kann für mich auch bedeuten, jemanden zu verletzen oder selber verletzt zu werden.

Nicht mehr lieben zu können, zum Beispiel ein Kind, löst bei mir das Gefühl von Ohnmacht aus.

Meinen Gefühlen gegenüber ohnmächtig zu sein, bedeutet für mich Angst.

Angst vor Partnerverlust (Scheidung, Tod), Angst vor Schicksalsschlägen, Unfähigkeit zur Bewältigung.

Angst vor Leiden (seelisch und körperlich).

Angst vor dem Sterben.

Angst vor Krieg.

Angst bei der Vorstellung der Gefolterten und Verbrechen (physische und psychische Gewalt).

Angst vor der Unfähigkeit, das Leben zu bewältigen, auch bei schlimmsten Bedingungen.

Angst heißt für mich vor allem, das Gefühl zu haben, abgelehnt zu werden oder mich selber abzulehnen.

Der Gedanke, etwas an mir sei falsch oder dass ich etwas falsch mache.

Eine Angst von mir ist beispielsweise, dass meine Stimme nicht schön ist, dass die anderen meine Stimme unangenehm finden könnten.

Ein Bild von Angst ist für mich auch ein verkrampfter Körper. Wenn ich mich verkrampfe und nicht weiß, was ich mit meinem Körper anfangen soll, steht dahinter das Gefühl, etwas mit mir sei nicht recht.

Mich überkommt große Angst in Momenten, wo ich an dem zweifle, was ich gerade tue. Wenn ich denke: Hier sollte ich nicht sein, ich sollte jetzt etwas anderes machen.

Angst hat immer zu tun mit Verlust. Man hat Angst, etwas zu verlieren, sei es nun die Zuneigung eines geliebten Menschen, die Gesundheit, die soziale Sicherheit, Anerkennung durch für uns wichtige Menschen oder durch die Gesellschaft, einen gewissen Wohlstand und Luxus, das Leben.

Diese Angst um das Leben hindert uns, dieses Leben wirklich zu leben.

Eine Gruppe Touristen, die es aufs Land verschlagen hatte, bekam ein Essen vorgesetzt, das ihnen nicht mehr frisch erschien. Bevor sie es selbst aßen, ließen sie einen Hund probieren. Dem schien das Essen zu schmecken und er zeigte auch keine Nachwirkungen.

Doch am nächsten Tag erfuhren sie, dass der Hund gestorben war. Panik ergriff sie. Viele begannen, sich zu erbrechen, und klagten über Fieber und Durchfall. Ein Arzt wurde gerufen, der die Opfer wegen Lebensmittelvergiftung behandeln sollte.
Der Arzt fragte zunächst, was mit dem Hundekadaver geschehen sei. Es wurde nachgeforscht. Ein Nachbar erklärte beiläufig: »Oh, man warf ihn in einen Graben, weil er von einem Auto überfahren worden war.«

ANTHONY DE MELLO

7. MONAT

Fesseln lösen

Dem Meister schien es völlig gleichgültig zu sein, was die Menschen von ihm dachten. Als die Schüler fragten, wie er diese Stufe innerer Freiheit erreicht habe, lachte er laut und sagte: »Bis ich zwanzig war, kümmerte es mich nicht, was die Leute von mir dachten. Nach meinem zwanzigsten Lebensjahr fragte ich mich ständig, was wohl meine Nachbarn von mir hielten. Als ich dann einen Tag älter als fünfzig war, erkannte ich plötzlich, dass sie kaum je überhaupt an mich dachten.«

ANTHONY DE MELLO

1

Fesseln im Körper

sitzend

BEOBACHTE DEINEN Körper, spüre ihn aufmerksam:

Beobachte diejenigen Teile, die du deutlich spürst, diejenigen, die deiner Aufmerksamkeit entgehen.

Beobachte die Schmerzen, Spannungen und Blockaden in den Muskeln. Beobachte in deiner Vorstellung, wie dein Körper mit seinen Nerven und seinen Muskeln im täglichen Leben reagiert.

Bewerte nicht, analysiere deine Entdeckungen nicht.

Beobachte und spüre einfach.

> Sogar die Sehnsucht nach Freiheit ist eine Fessel. Niemand ist wirklich frei, der sich um seine Freiheit sorgt. Nur die Zufriedenen sind frei.
>
> ANTHONY DE MELLO

2

Fesseln in den Sinnen

mit Bewegungen

VERBINDE DIR die Augen und spaziere behutsam im Zimmer umher.

Beobachte aufmerksam die fünf Sinne, einen nach dem anderen: berühren, hören, sehen, schmecken, riechen.

Richte deine Sinne auf verschiedene Gegenstände, die sich im Zimmer befinden: Möbel, Teppiche, Parfüms, Glocken, Radio/CDs, Nahrungsmittel …

Entferne anschließend die Augenbinde, fühle das Licht und die gleichen Gegenstände wie zuvor, diesmal mit offenen Augen.

Beobachte, welche Gegenstände du gut und deutlich spürst; welche werden von deinen Sinnen nicht aufgenommen?

Mach keine Analysen; beobachte nur.

Ein Mann fand ein Adlerei und legte es in das Nest einer gewöhnlichen Henne. Der kleine Adler schlüpfte mit den Küken aus und wuchs zusammen mit ihnen auf. Sein ganzes Leben lang benahm sich der Adler wie die Küken, weil er dachte er sei ein

Küken aus dem Hinterhof. Er kratzte in der Erde nach Würmern und Insekten. Er gluckte und gackerte. Und ab und zu hob er seine Flügel und flog ein Stück, genau wie die Küken. Schließlich hat ein Küken so zu fliegen, stimmt's?

Jahre vergingen, und der Adler wurde sehr alt. Eines Tages sah er einen herrlichen Vogel hoch über sich im wolkenlosen Himmel. Hoheitsvoll schwebte er durch die heftigen Windströmungen, fast ohne mit seinen kräftigen goldenen Flügeln zu schlagen.

Der alte Adler blickte ehrfürchtig empor. »Wer ist das?«, fragte er seinen Nachbarn.

»Das ist der Adler, der König der Vögel«, sagte der Nachbar. »Aber reg dich nicht auf. Du und ich sind von anderer Art.«

Also dachte der Adler nicht weiter an diesen Vogel. Er starb in dem Glauben, ein Küken im Hinterhof zu sein.

ANTHONY DE MELLO

3

Meditation auf das Ego

sitzend

STELL DIR vor, dass du deinen Vornamen hörst …

Höre den Klang deines Vornamens … fühle dich, dich selber, wie diesen Vornamen.

Stell dir deine Freude vor, wenn du die gewünschten Dinge besitzt, wenn man dich lobt.

Beobachte, wie du dich geschmeichelt fühlst, wenn du Komplimente bekommst, deine Person und deine Fähigkeiten richtig anerkannt werden …

Beobachte auf dieselbe Art deinen Schmerz oder deine Frustration, wenn man dich beschimpft, ignoriert, zurückweist, wenn du in einer Gruppe oder auf dem Arbeitsplatz nicht anerkannt wirst …

Beobachte die Fesseln, die dein Ego in dir erzeugt, ohne zu urteilen, ohne zu analysieren …

Nenn mir einen praktischen, hier auf Erden greifbaren Nutzen der Spiritualität«, sagte der Skeptiker, der Lust auf einen Disput hatte.
»Zum Beispiel diesen«, sagte der Meister. »Wenn dich jemand beleidigt, kannst du deinen Geist in Höhen erheben, wohin Beleidigungen nicht gelangen können.«

ANTHONY DE MELLO

4

Meditation auf die Chakras

auf dem Rücken liegend

NIMM EINE einfache, bequeme Stellung ein, in der du deinen Körper gut fühlen kannst: zum Beispiel auf dem Rücken liegend.

Beginne zu atmen, fühle deinen Atem deutlich und aufmerksam.

Fühle nachher alle deine Zentren.

Fühle zuerst einen Körperteil, denke nachher an die Tätigkeit dieses Körperteils. Beobachte, welche Reaktion diese Konzentration in dir auslöst.

Wenn du dich nicht angesprochen fühlst, wenn dir diese Zone nichts sagt, ist dieses Chakra* vielleicht völlig ausgetrocknet.

Wenn du hingegen Freude und Ruhe empfindest, eine Spannung oder einen Schmerz, ist dieses Zentrum in dir wach und vermutlich sehr aktiv und dein Leben dreht sich gut um dieses Chakra.

---

* Nach der überlieferten indischen Auffassung des Körpers sind über den Leib verteilt verschiedene Energiezentren (*Chakren*, deutsch »Rad«); diese Anschauung liegt zum Beispiel auch den yogischen Übungen zugrunde. Traditionell gelten sieben Chakren als Haupt-Energiezentren: das Wurzelchakra am unteren Leibende, das Lendenchakra, das Bauch- oder Solarplexuschakra, das Herzchakra, das Halschakra, das Stirnchakra und das Kronenchakra am oberen Leibende, dem Scheitel des Kopfs.

Beobachte bei jeder Etappe, wie dein Körper sich verhält und reagiert.

Eine einfache Beobachtung genügt. Du sollst weder analysieren noch urteilen oder kritisieren.

Mach nichts, um die Dinge zu ordnen. Das kommt automatisch, wenn es dir bewusst wird.

Es ist möglich, dass du mehr als ein Zentrum als dein Hauptzentrum entdeckst. Es ist auch möglich, dass mehrere Zentren geschwächt sind.

Beobachte, urteile nicht, verurteile dich nicht.

Komm am Ende der Meditation langsam zu dir zurück, fühle deinen ganzen Körper und beobachte, ob du eine Botschaft hast.

Ein älterer Herr betrieb in einer größeren Stadt ein Antiquitätengeschäft. Eines Tages betrat ein Tourist den Laden und unterhielt sich mit dem alten Mann über die vielen Dinge, die hier aufgestapelt waren. Sagte der Tourist: »Welches ist für Sie der seltsamste und geheimnisvollste Gegenstand, den Sie hier haben?« Der alte Mann warf einen Blick auf die unzähligen Kuriositäten, Antiquitäten, ausgestopften Tiere, Schrumpfköpfe, präparierten Fische und Vögel, archäologischen Fundstücke, Hirschköpfe … wandte sich dann dem Touristen zu und sagte: »Das seltsamste Ding in diesem Laden bin zweifellos ich selbst.«

ANTHONY DE MELLO

5

Mit den Fesseln kommunizieren

LASS IN DIR eine der Fesseln aufkommen, die dir Mühe bereitet in deinem Leben, eine Blockierung, die ein Hindernis in deinem Leben ist …

Fühle den Ort in deinem Körper …

Gib ihr eine bekannte oder unbekannte Form …

Kommuniziere mit ihr …

Frage die Fessel nach ihrer Identität, ihrer Art, ihrer Daseinsberechtigung …

Wenn dir diese Kommunikation günstig scheint, so mach ihr einen Platz in dir und versuche in Freundschaft mit ihr zu leben …

Wenn sie dir unheilvoll erscheint, so schick sie weg, zerstöre sie, wenn es sein muss.

Ein Löwe geriet in Gefangenschaft und wurde in ein Lager gebracht, wo er zu seinem Erstaunen noch andere Löwen antraf, die schon jahrelang dort waren, einige sogar ihr ganzes Leben, denn sie waren dort geboren. Er lernte bald die sozialen Betätigungen der Lagerlöwen kennen. Sie schlossen sich in Gruppen zusammen. Eine Gruppe bestand aus den Gesellschaftslöwen; eine andere ging ins Showgeschäft;

wieder eine andere betätigte sich kulturell, um die Bräuche, die Traditionen und die Geschichte jener Zeiten zu bewahren, als die Löwen in Freiheit lebten. Andere Gruppen waren religiös – sie kamen zusammen, um zu Herzen gehende Lieder zu singen von einem künftigen Dschungel ohne Zäune. Einige Gruppen fanden Zulauf von denen, die sich von Natur aus für Literatur und Kunst interessierten; wieder andere waren revolutionär gesonnen, sie trafen sich, um sich gegen ihre Wärter zu verschwören oder gegen andere revolutionäre Gruppen Pläne zu schmieden. Ab und zu brach eine Revolution aus, die eine oder andere Gruppe wurde ausgelöscht oder alle Wärter wurden umgebracht und durch andere ersetzt.
Als sich der Neuankömmling umsah, bemerkte er einen Löwen, der stets tief in Gedanken versunken schien, ein Einzelgänger, der keiner Gruppe angehörte und sich meistens von allen fernhielt. Es war etwas Seltsames um ihn, das sowohl die Bewunderung der anderen hervorrief, aber auch ihre Feindseligkeit, denn seine Gegenwart erzeugte Angst und Selbstzweifel. Er sagte zu dem Neuankömmling: »Schließ dich keiner Gruppe an. Diese armen Narren kümmern sich um alles, bloß nicht um das Wesentliche.«
»Und was ist das?«, fragte der Neuankömmling.
»Über die Art des Zaunes nachzudenken.«

ANTHONY DE MELLO

6

Meditation auf den Baum

SPAZIERE IN Gedanken auf einem Pfad dem Wasser entlang … Wähle einen Baum und stehe davor …

Gebrauche deine Sinne.

Beobachte ihn von den Wurzeln bis zu den Blättern …

Halte deinen Blick auf einem Blatt an …

Beobachte, wie der Saft in jeden Teil steigt, wie der Baum völlig sich selber ist.

Fühle dich danach wie der Baum …

Beobachte den Saft in dir …

Beobachte, ob er frei steigt oder ob er irgendwo stecken bleibt …

Kommuniziere mit deinem Baumkörper; begreife seine Botschaft.

Gesegnet ist der Mensch,
der sich auf den *Herrn* verlässt:
der *Herr* ist seine Sicherheit.
Gleich einem Baum, der am Ufer wächst
und dessen Wurzeln zum Wasser treiben,
fühlt er die Hitze nicht kommen,
sein Blattwerk ist immer grün:
ein Jahr der Trockenheit beunruhigt ihn nicht,
er hört nicht auf, Früchte zu tragen.
JEREMIA 17,7–8

8. MONAT

Die befreiende Gewalt

»Ist der Weg zur Erleuchtung schwierig oder leicht?«
»Weder noch.«
»Warum nicht?«
»Weil sie dort nicht ist.«
»Wie reist man also zu dem Ziel?«
»Man reist nicht. Es ist eine Reise ohne Entfernung.
Hört auf zu reisen, und ihr seid da.«

ANTHONY DE MELLO

1

Dialog mit deinem Körper

auf dem Rücken liegend

BEOBACHTE LANGSAM jeden einzelnen Teil deines Körpers, beginnend bei deinen Füßen und geh langsam zu deinem Kopf bis zu den Fingerspitzen. Beobachte mit Achtsamkeit diejenigen Körperteile, die du deutlich spürst. Mach keine Anstrengung, diejenigen Teile zu fühlen, die du nicht spontan spürst.

Dann, langsam, sprich mit jedem dieser Körperteile mit lieben und netten Worten, wie wenn du mit einem engen Freund sprechen würdest.

Beobachte, was dir diese Körperteile zur Antwort geben.

Dann spüre die Gefühle, die in dir entstehen, wenn du den Dialog mit all deinen Körperteilen beendet hast.

Ein Mann kam zu einem Arzt und sagte: »Doktor, ich habe wahnsinnige Kopfschmerzen, die ich nie loswerde. Könnten Sie mir nicht etwas dagegen geben?«

»Durchaus«, sagte der Arzt, »aber zunächst möchte ich einige Dinge abklären. Sagen Sie, trinken Sie viel Alkohol?«

»Alkohol?«, erwiderte der Mann empört. »Dieses widerliche Zeug rühre ich nicht an.«

»Wie steht's mit dem Rauchen?«

»Ich finde Rauchen ekelhaft. Nie in meinem Leben habe ich Tabak auch nur angefasst.«

»Es ist mir etwas peinlich, diese Frage zu stellen, aber Sie kennen ja die Männer ... treiben Sie sich nachts herum?«

»Natürlich nicht. Für wen halten Sie mich? Ich bin jeden Abend spätestens um zehn Uhr im Bett.«

»Sagen Sie«, fragte der Arzt, »ist dieses Kopfweh, von dem Sie sprechen, ein scharfer, stechender Schmerz?«

»Ja«, sagte der Mann. »Das ist es – ein scharfer, stechender Schmerz.«

»Ganz einfach, mein Lieber! Ihr Problem liegt darin, dass Ihr Heiligenschein zu stramm sitzt. Wir brauchen ihn nur etwas zu lockern.«

ANTHONY DE MELLO

2

Dialog mit deinen Gefühlen

sitzend

GEH EIN PAAR Minuten lang alle wichtigen Gefühle, die du in deinem Leben verspürst, durch:

Ärger, Gewalt, Hass, Angst, Liebe, Zärtlichkeit, Zuneigung, Anziehung … Versuche, diejenigen zu spüren, mit denen du oft im Leben in Berührung kommst, diejenigen, die du im Umgang mit anderen oft erfährst.

Dann, langsam, beginne ein Gespräch mit ihnen, eine Art Dialog, indem du ihnen Fragen stellst und versuchst, sie für sie zu beantworten.

Zwei buddhistische Mönche trafen auf dem Weg zum Kloster eine außergewöhnlich schöne Frau am Flussufer. Auch sie wollte, wie die Mönche, ans andere Ufer, aber das Wasser war zu hoch. So nahm sie einer der Mönche auf den Rücken und trug sie hinüber. Sein Begleiter war äußerst schockiert. Zwei Stunden lang schalt er ihn, die heilige Regel verletzt zu haben. Hatte er vergessen, dass er ein Mönch war? Wie konnte er wagen, eine Frau zu berühren? Und mehr noch, sie durch den Fluss zu tragen? Und was würden die Leute sagen? Hatte er nicht ihre heilige Religion in Verruf gebracht? Und so weiter und so weiter.

Der angeblich ungehörig handelnde Mönch hörte sich geduldig die nicht enden wollende Predigt an. Schließlich unterbrach er ihn und sagte: »Bruder, ich habe die Frau am anderen Ufer abgesetzt. Trägst du sie denn jetzt?«
Der arabische Mystiker Abu Hassan Bushanja sagt: »Die Sünde selbst ist weniger schädlich als der Wunsch und der Gedanke daran. Es ist eine Sache, wenn der Körper einen Augenblick eine Annehmlichkeit genießt, und ganz etwas anderes, wenn Geist und Herz endlos darüber brüten.
Wenn fromme Leute sich unaufhörlich mit den Sünden anderer beschäftigen, wird man den Verdacht nicht los, dass ihnen diese Grübelei mehr Vergnügen bereitet als die Sünde selbst dem Sünder.«

ANTHONY DE MELLO

3

Du als Opfer von Gewalt

sitzend

VERSUCHE, IN deine Vergangenheit zurückzugehen und dich an Vorfälle zu erinnern, bei denen du Opfer von Gewalt wurdest: Ärger, Misshandlungen, deinem Körper oder deinem Geist gegenüber.

Sieh diese Momente klar, ohne zu versuchen, sie zu erklären oder zu beurteilen.

Lass Gefühle in dir aufsteigen und versuche, sie zu spüren.

Beobachte, in welchen Teilen deines Körpers du diese Gefühle wahrnimmst, wenn du ein Opfer von Gewalt wirst.

Am Ende beachte, wie diese Gefühle tiefen Schmerzes verschwinden, wenn du sie in der Meditation ruhig und still betrachtest.

> Die Vergangenheit ist tot, begraben und wiedererstanden. Gutes und Schlechtes kommt aus ihr. Das Leben kommt aus ihr. Lieben wir die Vergangenheit. Heilen wir auch die Gegenwart, genau im jetzigen Augenblick, sie ist entscheidend für das Leben.
>
> ANTHONY DE MELLO

4

Zerstörerische Gewalt

auf dem Rücken liegend

GEH ZURÜCK in diejenigen Teile deines Lebens und lass Erinnerungen daran in dir aufsteigen, wo deine Handlungen gewaltsam und zerstörerisch gewaltsam waren.

Die harten Worte, die du zu Menschen gesagt hast, die gewaltsamen Akte, Gesten und andere Taten, mit denen du Menschen, Tiere, Bäume, Pflanzen verletzt hast.

Kritisiere dich nicht, lass keine Schuldgefühle in dir entstehen, beobachte einfach diese Erinnerungen, wie wenn du irgendeine andere Person beobachten würdest.

Versuche, die Gewalt, die hier stattgefunden hat, zu spüren und auch die Zerstörung, ohne nach einer Erklärung zu suchen oder zu urteilen.

Der Meister lehrte stets, dass Schuld eine üble Gefühlsregung sei, die man meiden sollte wie den Teufel selbst – jedes Schuldgefühl. »Aber sollen wir nicht unsere Sünden hassen?«, fragte ein Schüler eines Tages.

»Wenn du schuldig bist, hasst du nicht deine Sünden, sondern dich selbst.«

ANTHONY DE MELLO

5

Liebende Gewalt

sitzend

GEWALT KANN auch ein Akt der Liebe sein, das heißt, unsere Handlungen sind nicht durch den Wunsch nach Zerstörung motiviert, sondern Ausdruck unserer Liebe.

Beobachte einen Sportler, der sich anstrengt, um ein Ziel zu erreichen. Beobachte Arbeiter an ihren Maschinen, beobachte Gewalt unter den Tieren. Es gibt dort keinen Hass. Zerstörung geschieht entweder, um Nahrung zu bekommen oder um bestimmte Lebensweisen zu regulieren. Beobachte deine eigenen Verhaltensweisen in der Vergangenheit, die aus Liebe geschahen, aber in irgendeiner Art gewaltsam Menschen, Tieren oder der Umwelt gegenüber waren.

Liebe kann gewaltsam sein.

Beobachte, wie du bei deinen gewaltsamen Handlungen durch Liebe motivierst warst.

Zum Schluss der Meditation komm in Kontakt mit deinen Gefühlen und nimm von ihnen Kenntnis.

> Es gab Regeln im Kloster, aber der Meister rief immer zur Vorsicht gegenüber der Tyrannei des Gesetzes auf. »Gehorsam hält die Regeln ein«, pflegte er zu sagen, »Liebe weiß, wann sie zu brechen sind.«
>
> ANTHONY DE MELLO

9. MONAT

Der Segen

»Warum ist hier jeder glücklich außer mir?«
»Weil sie gelernt haben, überall Güte und Schönheit zu sehen«, sagte der Meister.
»Warum sehe ich nicht überall Güte und Schönheit?«
»Weil du draußen nicht etwas sehen kannst, was du in deinem Inneren nicht siehst.«

ANTHONY DE MELLO

1

Der Segen

HEUTE WILL ich für andere beten.

Aber wie kann ich sie an dem Geschenk von Frieden und Liebe teilhaben lassen, wenn mein eigenes Herz noch immer ohne Liebe ist und ich selber keinen Seelenfrieden habe?

So fange ich mit meinem Herzen an:

Ich halte dem Herrn jede Regung von Groll, Ärger und Bitterkeit entgegen, die da noch lauern mag, und bitte, dass seine Gnade sie eines Tages zur Liebe bewegt, wenn auch nicht sofort.

Dann suche ich Frieden: Ich verzeichne die Sorgen, die meinen Herzensfrieden stören und lege sie in Gottes Hände in der Hoffnung, dass ich so etwas Ruhe vor meiner Angst bekomme, wenigstens solange ich bete.

Zuerst bete ich für die Menschen, die ich liebe.

Ich spreche einen Segen über jeden Einzelnen: »Bleibe vor Unheil und Bösem bewahrt.«

Ich denke mir, dass meine Worte sie mit einer Schutzwehr von Gnade umgeben.

Danach gehe ich zu denen, die mir unsympathisch sind und die mich unsympathisch finden.

Ich spreche über einen jeden das Gebet: »Möchten wir eines Tages Freunde werden, du und ich.«

Ich stelle mir vor, dass dieser Wunsch einmal in Erfüllung geht.

Ich denke an einsame Menschen: Menschen, die keine Liebe erfahren oder von ihren Lieben getrennt sind, und sage zu jedem von ihnen: »Gottes schützende Nähe sei mit dir.«

Ich denke an alte Leute, die sich jeden Tag, der vergeht, auf den baldigen Tod gefasst machen müssen, und sage einem jeden: »Mögest du die Gnade erhalten, dein Leben freudig zu lassen.«

Ich denke an die Jungen und spreche dieses Gebet: »Gott lasse deine Jugendwünsche in Erfüllung gehen und dein Leben fruchtbar sein.«

Nun kehre ich zu meinem Herzen zurück, um ein wenig in der Stille, die ich dort finde, auszuruhen und in dem Gefühl von Liebe , das in mir erwacht ist, weil ich für andere gebetet habe.

Zum Wesen der Liebe gehört die Freiheit. Sobald sich Zwang, Kontrolle oder Konflikte einstellen, stirbt die Liebe. Auch die Rose, der Baum und die Lampe lässt dich vollkommen frei sein. Der Baum wird sich nicht bemühen, dich in seinen Schatten zu ziehen, wenn dir ein Sonnenstich droht. Die Lampe wird dir nicht ihr Licht aufzwingen, wenn du im Dunkeln stolperst.

ANTHONY DE MELLO

2

Ich segne mich selbst

sitzend

ATME EINIGE MALE tief ein, spüre deinen Körper bewusst, vom Kopf bis zu den Händen, bis zu den Füßen.

Beginnend mit dem Kopf segnest du jeden Teil deines Körpers mit all seinen Möglichkeiten.

Werde dir zuerst deines Kopfes bewusst, spüre ganz genau jeden Teil deines Kopfes und deines Gesichts und wünsche diesem Teil deines Körpers alles Gute, Frieden, Entspannung und Glück.

Wünsche deiner Stimme, deinen Worten Klarheit, Kraft und Glück.

Geh weiter zu deiner Brust, deinem Bauch; spüre in ihm dein Energiezentrum, lass dein Feuer sich entzünden.

Lokalisiere anschließend bewusst dein Geschlecht, wünsche ihm Frieden, Ruhe und Befriedigung.

Spüre anschließend deine Beine – mögen sie dir die Entdeckung der Welt ermöglichen.

Anschließend spüre deine Hände – möge alles, was sie berühren, gesegnet und mit Freude erfüllt sein.

Nimm die Gesamtheit deiner Fähigkeiten mit Ruhe entgegen.

Möge dieser Kontakt dir ein neues Leben bringen.

Mögest du einen klaren Blick haben.

Ein Schüler schlief ein und träumte, er sei im Paradies. Zu seinem Erstaunen fand er dort auch seinen Meister und die anderen Schüler, alle in Meditation versunken.

»Das bekommt man als Belohnung im Paradies?«, rief er. »Genau das gleiche haben wir doch auf Erden gemacht!«

Er hörte eine Stimme: »Narr! Du denkst, diese Meditierenden seien im Paradies? Es ist genau umgekehrt – das Paradies ist in ihnen.«

ANTHONY DE MELLO

3

Ich segne meine Umgebung
sitzend

NIMM EINE bequeme Position ein, schließe deine Augen, atme und höre dann aufmerksam auf alle Töne und Geräusche in der Umgebung.

Segne diejenigen, die diese Töne erzeugen, und wünsche ihnen Frieden, Glück und Gesundheit.

Mögen sie in den Duft, der von dir ausgeht, eingeschlossen sein.

Mögen diejenigen, die diesen Duft ausstrahlen, zufrieden sein, voller Gesundheit und Glück.

Öffne deine Augen und schau aufmerksam um dich.

Betrachte das Zimmer, in dem du dich befindest, und die Umgebung draußen: die Bäume, die Pflanzen, die Vögel, die Tiere.

All diese Wesen, vergleiche sie mit dem Gefühl, das sie aus deinem Herzen hervorbrechen lassen.

Möge das Leben für alle schön sein.

Lass all die Phasen im Detail an dir vorüberziehen, nicht nur im Allgemeinen, das heißt, nimm zum Beispiel einen Baum und gib ihm alle Segnungen.

Beende anschließend deine Meditation im Bewusstsein, dass du tief ein- und ausatmest.

Dein Irrtum ist, dass du Gott außerhalb von dir suchst«, sagte der Meister.
»Soll ich ihn denn im meinem Inneren suchen?«
»Siehst du nicht, dass dein Inneres außerhalb von dir ist?«, erwiderte der Meister.

ANTHONY DE MELLO

4

Segne eine Freund, eine Freundin

sitzend

ATME EINIGE MALE tief ein und aus und werde dir deines Atems bewusst. Danach werde dir deines ganzen Körpers bewusst.

Beobachte danach in deiner Vorstellung einen deiner Freunde, jemanden, der dir ganz spontan in den Sinn kommt. Segne diesen Freund, lass ihn sich setzen oder sich hinlegen und bleibe einige Augenblicke an seiner Seite sitzen, wobei du aufmerksam seinen Körper beobachtest. Dann lege deine Hände auf jeden Teil seines Körpers, beginnend mit dem Kopf bis zu den Händen, bis zu den Füßen.

Segne jeden Teil seines Körpers mit den gleichen Worten und mit der gleichen Reihenfolge, wie bei der Segnung über dich selbst.

Nachdem du diese Person gesegnet hast, immer in deiner Vorstellung, frage sie nach ihren Gefühlen.

Nach einigen Atemzügen beende deine Meditation.

> Die Geburt seines ersten Kindes erfüllte den Meister mit Freude. Staunend blickte er das Neugeborene immer wieder an. »Was wünschst du ihm, einmal zu sein, wenn es groß geworden ist?«, fragte ihn jemand. »Maßlos glücklich«, antwortete der Meister.
>
> ANTHONY DE MELLO

5

Ich segne meinen Feind

sitzend

NIMM EINE bequeme Position ein, atme und spüre während einiger Augenblicke bewusst deinen Atem.

Werde dir danach deines Körpers bewusst.

Beobachte dann in deiner Vorstellung einen deiner Feinde, das heißt eine Person, die du nicht magst, eine Person, die du zurückweist, eine Person, die du verabscheust, und lass ihr Bild in deinem Bewusstsein aufsteigen.

Segne sie nun in der gleichen Art, in der du bei der vorhergehenden Meditation mit deinem Freund vorgegangen bist.

Du musst jedoch nicht deine Hände auf diese Person legen, auf seine Körperteile. Zähle diese einfach auf und sprich deine Wünsche und Segnungen aus.

Selbst wenn diese Worte nicht spontan aus deinem Herzen kommen, beobachte das Leben dieser Person, ihren Atem und gib ihr diese Chance, als von Gott gewolltes Wesen zu leben.

Du hast nur die Verpflichtung zu wünschen, dass dieses Leben viel Glück und Gesundheit erfährt, und es genauso zu segnen wie die Dinge, die du liebst. Beende deine Meditation mit einigen guten Atemzügen.

Ein Lebensmittelhändler kam in großer Sorge zum Meister, um mitzuteilen, dass genau gegenüber seinem Laden ein großer Supermarkt eröffnet hatte, der sein Geschäft kaputt machen würde. Seit hundert Jahren hatte der Laden seiner Familie gehört, und wenn er das Geschäft verlöre, wäre es sein Ruin, denn etwas anderes hätte er nicht gelernt.

Sagte der Meister: »Wenn du den Besitzer des Supermarktes fürchtest, wirst du ihn hassen. Und der Hass wird dein Ruin werden.«

»Was soll ich tun?«, fragte der verzweifelte Lebensmittelhändler.

»Jeden Morgen geh aus deinem Laden auf den Bürgersteig und segne dein Geschäft, dass es gut gehen möge. Dann dreh dich um und segne den Laden gegenüber gleichermaßen.«

»Was? Meinen Konkurrenten und Verderber segnen?«

»Jeder Segen, den du ihm zuteil werden lässt, wird zu deinem Besten ausschlagen. Alles Böse, das du ihm wünschst, wird dich zerstören.«

Nach sechs Monaten kam der Lebensmittelhändler wieder und berichtete, dass er, genau wie befürchtet, seinen Laden hatte schließen müssen, aber nun sei er Verwalter des Supermarktes und seine Geschäfte gingen besser als je zuvor.

ANTHONY DE MELLO

10. MONAT

Die Freiheit

Zu einem übertrieben respektvollen Schüler sagte der Meister: »Licht spiegelt sich auf einer Wand. Warum die Wand verehren? Sei aufmerksam gegenüber dem Licht.«

ANTHONY DE MELLO

1
Das Licht

GEH DIE Ereignisse des Tages durch, angefangen vom Augenblick des Erwachens bis zum jetzigen Augenblick.

Fange mit dem ersten Geschehen an: mit dem Aufwachen.

Schau es sozusagen von außen an, wie ein neutraler Beobachter es tun würde. Beobachte nicht gerade das äußere Moment des Aufwachens, sondern deine inneren Reaktionen: deine Gedanken und Gefühle, deine Fantasien und deine Stimmung.

Dann geh zum nächsten Geschehen über … und so zu jedem Tagesabschnitt. Beurteile weder dich noch das Geschehen.

Sieh es dir nur an. Kein Tadel, kein Lob.

Nur das Licht des Bewusstseins kann alles, was schlecht ist, zerstreuen und alles, was gut ist, zum Leben erwecken.

Und dein Leben wird hell und durchsichtig.

»Willst du uns denn nicht ›Frohe Weihnachten‹ wünschen?«, wurde der Meister gefragt.
Er warf einen Blick auf den Kalender, sah, dass Donnerstag war, und sagte: »Ich möchte euch lieber einen ›Frohen Donnerstag‹ wünschen.«
Das verletzte das Empfinden der Christen im Kloster, bis der Meister erklärte: »Millionen werden sich nicht über den heutigen Tag, sondern über Weihnachten freuen, wodurch ihre Freude von kurzer Dauer ist. Aber für alle, die sich über den heutigen Tag zu freuen gelernt haben, ist jeder Tag ein Weihnachten.«

ANTHONY DE MELLO

2

Der Glanz

SCHALTE ALLE Lichter in deinem Zimmer aus und zünde eine Kerze an.

Stell sie ein paar Meter von dir entfernt hin.

Nun schau aufmerksam in die Flamme.

Zuweilen tanzt sie und du beobachtest ihre leisesten Bewegungen.

Zuweilen scheint sie regungslos und still.

Du findest es vielleicht noch beruhigender, die Augen zu schließen und dir die Flamme vorzustellen.

Wenn du in die Flamme schaust, bedenke, was sie für dich versinnbildlicht.

Sie kann Sinnbild für vieles sein …

Lass alte Erinnerungen an Kerzenglanz in dein Bewusstsein dringen.

Dann halte Zwiesprache mit der Flamme – über das Leben und den Tod, Leben und Tod der Flamme, dein Leben und deinen Tod oder Leben und Tod im Allgemeinen.

Schließlich schieb alle Erinnerungen beiseite und betrachte die Flamme ganz still. So kann sie dir eine Botschaft bringen, eine Weisheit, die dem Zugriff deines Verstandes entgeht.

Zum Schluss nimm Abschied von der Flamme, indem du deine Hände faltest und dich über sie herabbeugst.

Dann lösche sie behutsam aus in dem dankbaren Bewusstsein, dass sie etwas in deinem Herzen entzündet hat, was du mit dir durch den Tag tragen wirst.

Ein Schüler beklagte sich über die Gewohnheit des Meisters, alle seine hochgehaltenen Überzeugungen über den Haufen zu werfen.
Sagte der Meister: »Ich lege Feuer an den Tempel deiner Überzeugungen, denn wenn er niedergebrannt ist, wirst du eine ungehinderte Sicht auf den weiten, grenzenlosen Himmel haben.«

ANTHONY DE MELLO

3

Die Morgendämmerung

LAUSCHE AUF die Natur, die erwacht, um den neugeborenen Tag zu begrüßen. Achte darauf, wie die Stille und der Gesang in der Natur ineinander übergehen: wie mannigfaltig die Gesänge der Schöpfung sind, wie tief ihr Schweigen.

Keiner der Laute in der Natur stört das ewige Schweigen, welches das Universum einhüllt.

Und wirklich, wenn du auf diese Töne horchst, vernimmst du die Stille.

Was für Gefühle mag die Schöpfung zum Ausdruck bringen, wenn sie erwacht und mit ihrer Geschäftigkeit die Ruhe der Nacht ablöst?

Horche nun in dein eigenes Herz.

Auch da erklingt ein Gesang, denn du bist ein Teil der Natur.

Wenn du diesen Gesang noch nie gehört hast, dann hast du nicht aufmerksam genug gelauscht.

Horch! Wie klingt der Gesang? Traurig ... fröhlich ... zuversichtlich ... zärtlich?

Auch in deinem Herzen ist ein Schweigen.

Wenn dir jeder deiner Gedanken, Zerstreuungen, Wunschbilder und Gefühle bewusst wird, dann wirst du dieses Schweigen sicher erfahren.

Nun sieh, wie das Lied in deinem Herzen in das Lied der Natur einschwingt, die dich rings umgibt.

Horch. Je aufmerksamer du bist, desto stiller wirst du werden.

Je stiller du wirst, desto aufmerksamer wirst du lauschen.

Eine alte Legende besagt, dass Gott bei der Erschaffung der Welt von vier Engeln angesprochen wurde.
Der erste fragte: »Wie machst du das?«
Der zweite: »Warum machst du es?«
Der dritte: »Kann ich helfen?«
Der vierte: »Was ist es wert?«
Der erste war Wissenschaftler, der zweite Philosoph, der dritte Altruist, der vierte Immobilienhändler.
Ein fünfter Engel sah voller Staunen zu und klatschte aus reinem Entzücken Beifall. Das war der Mystiker.

ANTHONY DE MELLO

4

Das Fenster

HORCH AUF das Rauschen des Regens …

Was für Gedankenverbindungen kommen dir dabei?

Was für Erinnerungen?

Beobachte, welche Wirkung der Regen auf die Bäume hat, wenn sie den Himmelssegen aufsaugen …

Beobachte seine Wirkung auf die Vögel …

Sieh, wie die Erde das Wasser aufnimmt, das Leben aus trockenem Staub hervorbringt …

Schau auf die Blätter, die frischen jungen, die sich zum Leben entfalten … die älteren, die nun länger an den Bäumen bleiben, weil es geregnet hat.

Blick auf die Wolken … woher sie kommen … wohin sie gehen …

Folge ihnen auf ihrer Reise von ihrem Ursprung bis zu ihrem Ziel …

Schau auf die Regentropfen, die auf ausgedörrten Boden fallen … auf Bäume … und Dachgiebel …

Sieh ihren ungeformten Zustand in den Wolken … wie sie dann Gestalt und Eigenständigkeit annehmen … wie sie zu Boden fallen und sich verlieren …

Schau auf die Regentropfen an deinem Fenster … einen Augenblick bleiben sie für sich allein stehen … dann bilden sie kleine Rinnsale … in denen die einzelnen aufgesaugt und davongetragen werden …

Sieh, wie dasselbe mit den Wolken geschieht, und den Bäumen und Blättern und Vögeln und Tieren und Menschen und mit dir selbst …

Wir stehen einen Augenblick allein … nur um sogleich in den Strom des Lebens aufgesogen zu werden und davon zu fließen.

Ein Vogel, der sich an einen Ast klammert, kann nicht fliegen. Hören Sie auf, sich an die Vergangenheit zu klammern! Ein hinduistisches Sprichwort sagt: »Das Wasser wird rein, indem es weiterfließt; der Mensch, indem er weitergeht.«

ANTHONY DE MELLO

5

Die Vision

SETZ DICH an eine Uferböschung, wirklich oder in deiner Fantasie, und sieh das Wasser vorbeifließen.

Wenn du einfach hinschauen kannst, ohne nachzudenken, wird der Fluss sprechen – nicht zu deinem Verstand, wohl aber zu deinem Herzen – und in deinem Geist eine Stille schaffen und eine Weisheit, die dein Denkvermögen niemals erfassen kann.

Oder setz dich auf einen Bahnsteig und sieh, wie die Menschen vorübereilen.

Sie treten in dein Blickfeld und verschwinden auf Nimmerwiedersehen.

Oder beobachte die Blätter, die von den Bäumen fallen, und sieh, wie sie verwesen und zu Staub zurückkehren.

Zünde eine Lampe an und schau in die Flamme, so wie du auf den Fluss geblickt hast.

Oder zünde ein Weihrauchstäbchen an und beobachte, wie der Rauch sich in der Luft verliert.

Oder stell dich ans Fenster und sieh auf den Regen. Beobachte die eigenartige Stimmung, die der Regen in dir hervorruft.

Keine Überlegungen!

Sieh nur hin, beobachte, fühle.

Du siehst einen Regentropfen für sich allein und einsam dastehen.

Dann wird er vorwärts geschleudert und weggerissen.

Schau einfach hin. Dann wir die Schöpfung dir sprechen von Leben und Tod ... und Liebe ... und von dir selbst ... und von Gott ...

Leg dich zum Schluss flach auf den Rücken, breite deine Arme aus und stell dir vor, dass du loslässt und davongetragen wirst ... wie die Regentropfen und die Blätter und die Weihrauchwolke, denn du bist wie sie ein Teil des Universums. Darum lass los ... lass dich selbst ... und fließe davon ...

»Warum bist du zum Meister gekommen?«

»Weil mein Leben nirgendwohin verlief und mir nichts gab.«

»Und wohin verläuft es jetzt?«

»Nirgendwohin.«

»Und was gibt es dir jetzt?«

»Nichts.«

»Was ist dann der Unterschied?«

»Jetzt gehe ich nirgendwohin, weil nirgendwo hinzugehen ist. Ich erhalte nichts, weil nichts zu begehren ist.«

ANTHONY DE MELLO

6

Der Spiegel

DER CHINESISCHE Weise Laotse sagt: »Wenn schlammiges Wasser still steht, wird es klar.«

Wir machen jetzt eine Übung, um das Wasser zum Stillstand zu bringen.

Dadurch wird sich hoffentlich der Unrat ablagern und alles klar zu erkennen sein.

Mach dir bewusst, an welcher Stelle deines Zimmers du dich aufhältst ... achte auf deinen Körper als Ganzes ... auf jedes einzelne Glied ... und was jedes einzelne Glied verspürt ...

Werde dir aller Geräusche um dich her bewusst.

Weise alle auch noch so frommen Gedanken und Überlegungen ab, die mit diesen Geräuschen zusammenhängen, denn sie wühlen das schlammige Wasser nur auf.

Nun beobachte deinen Atem: den Luftstrom, der da ein- und ausgeht.

Setz dich an die Ufer jenes Stromes und beobachte ihn.

Gib auch auf die unendlich winzige Pause Acht, bevor die Luft einströmt ... und den Bruchteil eines Augenblicks, bevor die Luft ausströmt ...

Für alle fest Überzeugten – ganz gleich, ob ihre Überzeugungen auf religiösem, politischem oder ökonomischem Gebiet lagen – hatte der Meister eine Botschaft:
»Was Sie brauchen, ist nicht Sicherheit, sondern den Wagemut des Spielers; nicht festen Boden unter den Füßen, sondern die Geschmeidigkeit des Schwimmers.«

ANTHONY DE MELLO

Autoren

ANTHONY DE MELLO, 1931–1987, Jesuitenpater und Meditationslehrer. De Mello studierte nach seinem Eintritt in den Jesuitenorden Philosophie, Theologie und Psychologie in Barcelona, Poona, Chicago und Rom. Bis zu seinem Tod 1987 leitete er das Sadhana-Institut als Beratungs- und Ausbildungszentrum in Lonavla/Indien *(www.sadhanainstitute.org)*. In seinem Denken verbinden sich christliche und östliche Praxis. Durch sein Wirken und seine Schriften ist er international als Meditations- und Weisheitslehrer bekannt.

ANAND NAYAK, 1942–2009, Studium der Religionswissenschaften in Indien, Promotion in Theologie und Religionswissenschaften an der Sorbonne in Paris. Ab 1979 wissenschaftlicher Mitarbeiter und Lehrbeauftragter an der Theologischen Fakultät der Universität Freiburg, seit dem Sommersemester 1994 Professor für Religionswissenschaft und Missionswissenschaft. Als Schüler von Anthony de Mello entwickelte Nayak die Meditationsform der Sadhana weiter, die er praktizierte und lehrte.

Herausgeberin

MARIE-THERES PILLER, Schweizer Lehrerin und Schulleiterin, Schülerin von Anand Nayak. Sie hat den vorliegenden Band aus Texten Anthony de Mellos und der Hinterlassenschaft von Anand Nayak zusammengestellt.

Quellenverzeichnis

Die Texte Anthony de Mellos sind entnommen aus folgenden, im Verlag Herder, Freiburg im Breisgau, erschienenen Werken Anthony de Mellos.

Die Fesseln lösen. Einübungen in ein erfülltes Leben. Aus dem Portugiesischen von Irene Lucia Johna, Herder spektrum Taschenbuch 6433, 2012.

Eine Minute Unsinn. Weisheitsgeschichten. Aus dem Englischen von Robert Johna, Herder spektrum Taschenbuch 6365, 2012.

Eine Minute Weisheit. Aus dem Englischen von Ursula Schottelius, Herder spektrum Taschenbuch 6366, 2011.

Mit allen Sinnen meditieren. Anstöße und Übungen. Aus dem Portugiesischen von Irene Lucia Johna, 1997.

Warum der Schäfer jedes Wetter liebt. Weisheitsgeschichten. Aus dem Englischen von Ursula Schottelius, Herder spektrum Taschenbuch 5660, 6. Auflage 2011.

Warum der Vogel singt. Weisheitsgeschichten. Aus dem Englischen von Ursula Schottelius, Herder spektrum Taschenbuch 5661, 3. Auflage 2010.

Wer bringt das Pferd zum Fliegen? Weisheitsgeschichten. Aus dem Englischen von Ursula Schottelius, Herder spektrum Taschenbuch 5662, 2. Auflage 2008.

Wie ein Fisch im Wasser. Anleitung zum Glücklichsein. Aus dem Englischen von Irene Lucia Johna, Herder spektrum Taschenbuch 5664, 3. Auflage 2008.

Die Bücher von Anthony de Mello entstanden in einem multireligiösen Kontext und sollten Anhängern anderer Religionen, Agnostikern und Atheisten eine Hilfe bei ihrer geistlichen Suche sein. Dieser Intention des Autors entsprechend sind sie nicht als Darstellungen des christlichen Glaubens oder als Interpretationen katholischer Dogmen zu verstehen.

X. Diaz del Rio S. J., Gujarat Sahitya Prakash

Weitere Bücher von Anthony de Mello

Der springende Punkt
Wach werden und glücklich sein
ISBN 978-3-451-33152-7

Weisheit kommt aus dem Herzen
Ein Lesebuch für Glückssucher
Herder spektrum Taschenbuch 6105

Eine Minute Unsinn
Weisheitsgeschichten
Herder spektrum Taschenbuch 6365

Eine Minute Weisheit
Herder spektrum Taschenbuch 6366

Die Fesseln lösen
Einübung in erfülltes Leben
Herder spektrum Taschenbuch 6433

Zeiten des Glücks
Geschichten für Herz und Seele
Hg. von Anton Lichtenauer
Herder spektrum Taschenbuch 7111

Perlen der Weisheit:
Die schönsten Texte von Anthony de Mello
Hg. von Michaela Diers
Herder spektrum Taschenbuch 7155

Warum der Schäfer jedes Wetter liebt
Weisheitsgeschichten
Herder spektrum Taschenbuch 5660

Gib deiner Seele Zeit
Inspirationen für jeden Tag
Hg. von Anton Lichtenauer
Herder spektrum Taschenbuch 5916